# 我的操盘
# 你可以懂

## —— 揭秘庄家操盘行为

陈金生/著

经济管理出版社
ECONOMY & MANAGEMENT PUBLISHING HOUSE

**图书在版编目（CIP）数据**

我的操盘你可以懂——揭秘庄家操盘行为/陈金生著. —北京：经济管理出版社，2018. 6

ISBN 978-7-5096-5787-4

Ⅰ. ①我…　Ⅱ. ①陈…　Ⅲ. ①股票交易　Ⅳ. ①F830.91

中国版本图书馆 CIP 数据核字（2018）第 091974 号

组稿编辑：勇　生
责任编辑：王　聪
责任印制：黄章平
责任校对：王淑卿

出版发行：经济管理出版社
　　　　　（北京市海淀区北蜂窝 8 号中雅大厦 A 座 11 层　　100038）
网　　址：www. E-mp. com. cn
电　　话：（010）51915602
印　　刷：三河市延风印装有限公司
经　　销：新华书店
开　　本：720mm×1000mm/16
印　　张：11.5
字　　数：213 千字
版　　次：2018 年 8 月第 1 版　　2018 年 8 月第 1 次印刷
书　　号：ISBN 978-7-5096-5787-4
定　　价：38.00 元

# 前　言

　　在股价大幅上涨行情出现的阶段，我们能够看到庄家的操盘迹象。实战的股票交易中，看到庄家的操盘动向还不足以盈利，因为庄家的操盘过程相比较散户的股票买卖要复杂得多。庄家操盘并非简单的高抛低吸，而是需要在买入股票后为自己创造盈利条件，像散户一样等待资金大户来拉升股价盈利。庄家的操盘过程可以看作是股票运作的过程，对个股的买卖动作能够直接影响资金流向，从而影响对价格的运行趋势。作为资金量相对较小的散户，既然我们知道庄家操盘主导了价格走势，那么我们可以将关注的重点放在庄家操盘上。

　　股票交易中，我们关注的个股行情，其价格表现都体现了庄家操盘过程，可以说价格走势是庄家操盘意图的现实表现。通常，只要庄家操盘意图坚决，就能够达到操盘目标。因为资金实力很强，庄家更能够对价格走势造成影响，庄家可以按自己的操盘需要来操作股价。

　　事实上，作为散户投资者，我们都已经清楚庄家操盘在价格上涨中的作用。很多投资者都会看基金重仓个股表现、资金抢筹的排名靠前股票走势、龙虎榜单价格异动等。实战中，更多的投资者是在技术分析中把握庄家操盘过程的。围绕量价表现、资金进出和筹码形态等，我们可以系统地关注庄家操盘过程，掌握庄家操盘规律，从而为跟庄交易提供可能。

　　在实战中，虽然我们更多的是关注技术方面的动向，但是同样能够对庄家操盘过程了如指掌。庄家交易股票的时候，也会经历买入和卖出，只是其买入和卖出过程更加复杂，而且交易次数更多，使得庄家买卖方向更加隐秘。

　　要看透庄家的操盘过程，我们可以从了解庄家的操盘意图入手。庄家操盘并非只有买入和卖出的交易目标，而是要在降低持股成本的基础上吸筹，并且在减少拉升阻力的情况下推动价格上涨，从而达到高抛盈利的交易目标。既然是这样，我们就可以将庄家操盘的量价表现与庄家的操盘意图对应，确认庄家的交易方向。

在实战中，我们看到量价表现是技术分析里确认庄家操盘的重要手段。量价最能体现庄家操盘过程。价格盘口异动、K 线形态、缺口等都是量价的表现形式，而资金和筹码则是庄家操盘能力和持股成本的表现。量价方面的内容真实反映了庄家的操盘过程，是一张庄家操盘过程的写真图，而我们首先关注的就是量价表现。从盘口的量价走势入手，庄家第一时间的操盘动作都能够被我们发现。日 K 线图中的缺口形态、涨停 K 线等，都是盘口操盘的宏观表现形式。而资金流入和筹码形态分别体现庄家买入股票的力度和持股成本分布，是我们在交易当中必须要关注的地方。因为庄家资金流入量直接关系到庄家建仓的完成情况和价格短期表现，资金流入量大的时候，价格短期活跃度提升，同时增加的持股数量不断提升。筹码体现了庄家的持股成本分布，是我们理解庄家操盘趋势的重要形式。

本书围绕量价变化、资金流入和筹码分布等充分揭示了庄家的操盘过程。量价是投资者最为熟知的技术分析内容，而资金和筹码形态又是容易被大家认可的技术分析指标。这样，当我们综合多种因素来确认庄家操盘过程的时候，我们会发现，远离庄家的操盘过程并不复杂，庄家的操盘我们都可以懂。不仅能够懂得庄家操盘过程，还能在庄家操盘期间主动适应价格变化，在恰当的价位买卖股票以提升盈利空间。

# 目　录

# 第一章 庄家操盘意图解读

资金主力坐庄，对价格影响主要是因为庄家在操盘，操盘期间低价抢筹、拉升股价、震荡洗盘以及高位出逃都是必不可少的交易策略。当这些交易策略结束以后，庄家就完成了操盘动作，交易过程因此结束。主力操盘期间的价格异动是我们关注的重点，通过分析个股的量价和筹码转移，我们可以确认庄家操盘在不同阶段的特征，从而确认交易机会。

## 一、低 价 抢 筹

在价格处于低位的时候，成交量萎缩，很少会有散户在这个时候大量买入股票，而庄家却会在不经意间大量抢筹。由于建仓成本很低，并且股价经历了充分缩量调整，庄家认为股价已经跌至合理的建仓价位。庄家建仓的价位通常是能够被市场检验的历史低位，是比较好的低价交易区。

作为散户投资者，资金虽然没有庄家的多，但是对于交易机会的把握可以更好。庄家低价抢筹阶段，同样也是我们抄底买入股票的时刻。低价建仓以后，我们会发现随着庄家资金的介入，股价活跃度提升，价格进入回升趋势是可以期待的。

### (一) 庄家抢筹的量价特征

在行情低迷的阶段，庄家抢筹对量价影响非常显著，我们可以明显看到庄家放量建仓的交易过程。特别是量能显著放大至 100 日等量线上方的时候，这是比较有效的看点。当交易量轻松放大至 100 日等量线对应成交量的 3 倍以上时，显示出庄家的操盘策略非常有效。至少从抢筹的效果看，庄家强势介入是非常成功的交易策略。

形态特征如下：

（1）量能达 100 日等量线 3 倍以上：当成交量有效放大至 100 日等量线 3 倍以上的时候，我们会发现价格表现已经非常强势。这个时候，是庄家快速建仓的重要信号。庄家可以在量价非常低迷的情况下介入，足见对后市非常看好。而达到天量涨停下的抢筹动作中，庄家买入股票数量非常庞大，成为检验庄家建仓的信号。

（2）价格处于高浮筹区域：庄家建仓的过程中，大量股票成交以后股价已经处于高浮筹区域。筹码在低价区大量转手的过程中，股价企稳前，我们会发现价格处于建仓投资者的持仓成本附近，是高浮筹的状态。浮筹指标 ASR 数值越大，经过检验的价格调整越充分，这有助于股价企稳回升。

（3）庄家第二次天量抢筹：庄家的建仓过程不会在一次完成，而是会经历多次放量拉升股价的过程才行。首次天量抢筹结束以后，庄家会在价格回调以后二次抢筹。这个时候，我们已经看到庄家的两次抢筹的成本价，那么根据成本价买入股票获利的概率就很高了。

景兴纸业日 K 线图如图 1-1 所示。

图 1-1　景兴纸业日 K 线图

操作要领如下：

（1）从量能达 100 日等量线 3 倍以上来看：成交量在 A 位置放大至 100 日等量线上方。量能达到天量涨停，使得股价在 J 位置显著反弹。我们认为，在该股缩量运行的低迷阶段，如此显著的放量抢筹是庄家所为。

（2）从价格处于高浮筹区域来看：首次抢筹结束以后，图中 E 位置的浮筹指标 ASR 数值高达 90 以上，表明该股处于庄家大量持仓的高浮筹区域。价格冲高回落以后，庄家在图中 B 位置二次放量买入股票，之后股价冲高回落，F 位置显示的 ASR 指标同样高达 90 以上，说明该股依然处于高浮筹区域。

（3）从庄家第二次天量抢筹来看：图中 B 位置的天量抢筹出现之时，股价在 K 位置加速飙升 1 倍以上。这表明，庄家的介入对股价影响深远，这是行情出现时我们买入股票的重要机会。

**总结**：在庄家抢筹阶段，股价已经处于跌无可跌的底部区域。这个时候的抢筹动作非常值得关注，至少在牛市大行情中，我们能够把握好最佳的买点。随后我们认为庄家的抢筹动作在两次以上，利用首次抢筹结束后价格回调期间介入，通常是比较好的建仓机会。

## （二）抢筹阶段的买点解读

在庄家抢筹阶段，股价经历了强势飙升的过程。庄家资金流入规模庞大，使得股价活跃度快速提升，价格上涨的过程中，我们有机会确认买点并且获得收益。通常，庄家抢筹以后价格回调至高浮筹区域，这是我们据此买入股票的机会。

形态特征如下：

（1）筹码换手后价格处于高浮筹区域：庄家建仓阶段，大量筹码在价格低位区换手，股价也处于高浮筹区域。这个时候，是买入股票的信号。

（2）冲高回落期间出现筹码主峰：当庄家短线建仓完毕以后，我们会发现股价冲高回落。股价回调至高浮筹的价格区域以后，筹码主峰形态出现。

（3）地量提示买点出现：价格处于筹码主峰的内部，通常也是浮筹较高的时刻。如果这个时候的量能达到地量，说明股价无法在地量状态下跌破筹码主峰，预示着低位买点出现。

景兴纸业日 K 线图如图 1-2 所示。

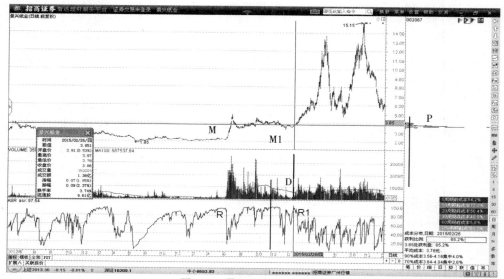

图 1-2　景兴纸业日 K 线图

操作要领如下：

（1）从筹码换手后价格处于高浮筹区域来看：图中 R 位置和 R1 位置都是高浮筹区域，分别是庄家第一次和第二次建仓以后的重要买入机会。

（2）从冲高回落期间出现筹码主峰来看：庄家第二次抢筹以后，股价冲高回落的时候出现了筹码主峰形态。P 位置的筹码主峰规模庞大，表明股价难以跌破筹码主峰提供的支撑位，这同样提示我们建仓交易机会出现。

（3）从地量提示买点出现来看：图中 D 位置量能是庄家第二次抢筹以后的地量状态，表明股价已经下跌到位，这是我们采取建仓措施的信号。

**总结：**庄家抢筹结束以后，我们会发现低位筹码峰规模明显增加。股价回调筹码峰的时刻，价格短线获得的支撑更强大。这个时候，地量量能提示我们买点出现。

# 二、加速拉升

在股价加速回升阶段，我们能够看到成交量有效放大推动的价格上涨开始发酵。从量能放大效果看，成交量达到 100 日等量线上方，使得股价活跃度非常高。在价格上涨阶段，成交量并未出现明显低于 100 日等量线的情况，使得我们能够确认股价上涨趋势可以在较长时间里延续下来。

## （一）庄家拉升的量价特征

如果庄家已经获得足够多的筹码，那么庄家对个股的控盘程度会很高，使得拉升股价并不是一个复杂的过程。即便量能勉强达到 100 日等量线上方，我们依然认为这是量能有效放大的信号。成交量不必过大，只需维持在 100 日等量线以上，这样个股活跃度已经处于高位，价格上涨就不再成为问题。

形态特征如下：

（1）成交量稳定在 100 日等量线上方：稳定的量能是股价走强的基础，特别是如果庄家并不是以跳空拉升股价的形式操盘的时候，稳定的成交量可以推动价格不断达到新的历史高位。量能达到 100 日等量线上方，我们认为是有效的放量信号。这种放量信号持续时间越长，股价单边上涨空间也会越高。

（2）EMV 指标高于 0 轴线：EMV 指标用于判断量能表现，该指标数值越高，说明量能推动的价格上涨趋势明显得到确认。通常我们以 0 轴线为界，EMV 指标达到 0 轴线上方，表明成交量能够推动股价上涨。

泰豪科技日 K 线图如图 1-3 所示。

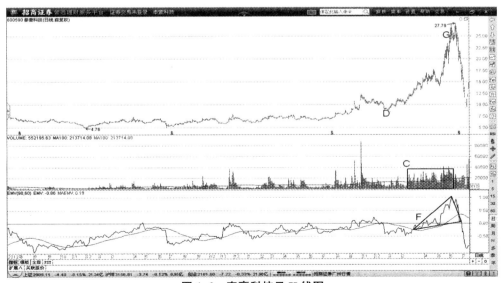

**图 1-3　泰豪科技日 K 线图**

操作要领如下：

（1）从成交量稳定在 100 日等量线上方来看：显示的股价从 D 位置开始企稳，C 位置的量能稳定在 100 日等量线上方。也正是在量能稳定放大的这段时间里，该股的单边回升趋势得到加强。股价在这段时间里涨幅为 170%。

（2）从 EMV 指标高于 0 轴线来看：股价见顶前的最后一轮回升阶段，价格表现总是最好的。图中显示的 F 位置 EMV 指标明显达到 0 轴线上方，使得推动价格上涨的量能表现达到有史以来最佳状态。这个阶段庄家控盘效果非常理想，是股价进入回升趋势以来表现最佳的阶段。

**总结：** 在庄家拉升股价阶段，庄家已经获得足够多的筹码，而拉升并不用太多放量就能够达到操盘目标。随着量能放大推动的价格上涨趋势得到确认，我们能够看到持股阶段的盈利空间不断回升。

## （二）拉升阶段的追涨机会解读

当庄家有效控盘以后，拉升一只股票并不困难，关键是看量能何时会稳定放大。特别是成交量稳定放大至 100 日等量线以上的时候，那个时候才是我们采取行动的时机。通常成交量放大至 100 日等量线以上，这种放量持续一周就可以认为是有效的放量状态。在这个时候，我们可以买入股票，以便在价格走高时盈利。

形态特征如下：

（1）量能连续 7 日达 100 日等量线上方：成交量连续 7 个交易日放大至 100 日等量线上方，我们认为这是主力开始拉升股价的节奏。量能放大推动价格走强，后期股价上涨空间依然看高。

（2）股价达筹码峰上限：价格能够回升至筹码峰上限，这是持股投资者盈利的信号，同时也是良好的回升趋势中应有的获利表现。

（3）EMV 突破 0 轴线：通常 EMV 数值达到 0 轴线以上，这是典型的放量有效信号。我们用计算周期为 30 日以上的 EMV 指标确认量能放大，是比较有效的做法。EMV 达到 0 轴线上方，通常是庄家显著拉升股价的开始信号，是我们加速买入股票的机会。

泰豪科技日 K 线图如图 1-4 所示。

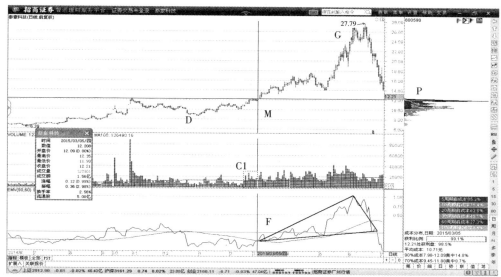

图1-4 泰豪科技日K线图

操作要领如下：

（1）从量能连续7日达100日等量线上方来看：图中C1位置的成交量放大至100日等量线上方，这已经超过7个交易日，我们认为这是庄家控盘阶段的价格信号。

（2）从股价达筹码峰上限来看：价格放量回升期间，股价达到P位置筹码峰上方，表明持股投资者盈利状况非常好，这有助于该股放量走强。

（3）从EMV突破0轴线来看：图中EMV指标在F位置明显达到10日EMV平均线上方，这是EMV回升并且达到0轴线的买点信号。

**总结**：通过量能放大我们可以第一时间发现主力拉升股价的信号。该股放量一周后，价格涨幅还远没有达到见顶的程度。因此，我们认为这是短期介入的重要时机。

# 三、震荡洗盘

在主力洗盘阶段，我们会发现价格出现缩量下跌的情况。价格缩量下跌是比较重要的洗盘形态，是我们确认庄家操盘信号的形态。如果庄家后期还会拉升股价上涨，那么震荡洗盘期间股价下跌空间非常有限，通常仅仅是短时间的缩量回调。等到量能达到地量之时，股价回调到位，将是价格企稳回升的机会。

## （一）庄家洗盘的量价特征

在震仓洗盘阶段，股价缩量下跌趋势非常明显。量能萎缩期间，地量出现前股价都不可能轻易企稳，这是我们关注的地方。如果地量量能出现在价格跌无可跌的时候，那么将是比较好的买点机会。在洗盘期间，我们可以考虑在股价出现地量低点的时候买入股票，以便在价格洗盘结束后获利。

形态特征如下：

（1）股价经历缩量暴跌：股价经历暴跌走势以后，在跌幅较大的情况下，庄家洗盘依然没有结束的迹象。这个时候，我们关注量价变化的同时，可以将重点放在价格下跌后的买点机会上。

（2）量能达地量状态：成交量在庄家洗盘期间达到地量，这是股价跌无可跌的信号。地量量能出现之时，表明股价下跌已经到位，我们的低位买点机会出现。

（3）同期 RSI 指标完成三角形调整：在庄家洗盘期间，RSI 指标虽然低于 50 线，但是已经完成三角形的调整形态，这是股价即将企稳的信号。如果我们在这个阶段采取建仓措施，那么是比较有效的建仓时机。

三江购物日 K 线图如图 1-5 所示。

操作要领如下：

（1）从股价经历缩量暴跌来看：该股经历两轮下跌以后，第二次暴跌空间收窄。股价在量能萎缩至 D 位置前呈现出缩量回调态势，这是庄家洗盘的动作。在洗盘期间，股价跌至 P 位置的筹码峰以下，表明这次洗盘动作非常成功。

（2）从量能达地量状态来看：图中成交量萎缩至 D 位置的低点以后，量能已

图 1-5　三江购物日 K 线图

经达到地量状态，这是股价回调到位的信号。

（3）从同期 RSI 指标完成三角形调整来看：同期 RSI 指标在股价下跌期间弱势运行，图中 S 位置指标已经呈现出三角形形态，表明指标调整到位。

**总结：** 短期股价下跌到位，这是典型的庄家洗盘结束的信号。如果洗盘后庄家并无继续打压股价的想法，那么企稳回升自然是应有的走势。我们看到该股虽然暴跌，却没有继续跌破筹码峰下限，说明庄家这个阶段的洗盘已经结束。

## （二）洗盘阶段的买点解读

洗盘阶段，我们在价格触底地量底部的时候买入股票，通常风险就已经很低了。而等待股价放量脱离地量底部期间，追涨的买点很快出现，同样也是不错的交易机会。随着价格企稳走强，典型的地量底部成为不错的介入时机。

形态特征如下：

（1）量能加速放大至 100 日等量线上方：当成交量放大至 100 日等量线以上的时候，表明庄家操盘力度就很大了，价格能够在放量的情况下摆脱洗盘阶段的缩量调整走势。

（2）股价突破低位调整形态：当价格脱离低位调整形态以后，我们会看到股价已经处于放量反弹阶段。缩量回调的形态越明显，价格突破调整形态也会越容易确认。

（3）RSI 突破 50 线压力位：当 RSI 指标在洗盘结束后突破 50 线的时候，我们看到股价指标的走强并不容易，这是洗盘后才有的买点信号，是我们确认建仓交易机会的信号。

三江购物日 K 线图如图 1-6 所示。

图 1-6　三江购物日 K 线图

操作要领如下：

（1）从量能加速放大至 100 日等量线上方来看：我们看到成交量在 F 位置显著放大，量能在突破到 100 日等量线上方时，这是庄家开始拉升股价的信号。

（2）从股价突破低位调整形态来看：价格在 M 位置出现了反弹走势，股价反弹空间并不大，但是形态上却非常明显。价格脱离低位调整形态可以确认为买点机会，这是庄家开始拉升股价的信号。

（3）从 RSI 突破 50 线压力位来看：缩量下跌期间 RSI 指标在 G 位置突破 50 线，我们认为这是指标开始回升的起始点位。RSI 指标达到 50 线以上时，表明已经处于活跃状态，价格在量能放大期间上涨可期。

**总结**：地量洗盘结束以后，庄家打压股价的过程宣告结束。这个时候，价格从低位反弹并且达到 P 位置的筹码峰上方，这是技术性反弹开始的信号。低位 P 筹码峰已经在价格下方，表明持股投资者盈利，这也为股价进一步上涨创造了条件。

# 四、高位出逃

在价格高位出逃是兑现收益的唯一手段，庄家操盘结束的时候，也必须要在价格高位完成出货动作才行。如果庄家出货动作在短时间内完成，必须要通过放量减仓达到出货目标。股价在天量期间出现阴线见顶形态，我们认为是比较典型的成功出逃信号。一旦庄家完成出货动作，股价就会进入下跌趋势。

## （一）庄家出逃的量价特征

确认庄家在价格高位出货，天量阴线形态是较好的出逃信号。庄家出货期间大量股票被抛售，股票成交量达到天量，散户投资者充当了接盘者。而筹码形态上的单一主峰筹码正是主力成功出逃的信号。庄家出货结束以后量能萎缩，股价会跌破价格高位的筹码主峰形态，意味着追涨的散户投资者会显著亏损，这将会加速股价的下跌趋势。

形态特征如下：

（1）天量见顶阴线形成：天量见顶的阴线出现在价格高位的情况下，资金出逃效率很高，庄家在这个时候已经没有拉升股价的意图。庄家的出逃促使恐慌性抛盘形成，股价已经非常接近高位反转点。

（2）筹码主峰出现在价格顶部：筹码主峰形态是投资者的主要持仓成本区，是庄家高位出逃后完成的筹码密集分布区。价格在高位区域见顶之时，我们会看到筹码主峰的规模达到回升趋势中最大。

申能股份日 K 线图如图 1-7 所示。

操作要领如下：

（1）从天量见顶阴线形成来看：我们看到图中 F 位置和 F1 位置分别出现了天量量能，而当日 K 线收盘则是图中 Y 位置和 Y1 位置的阴线形态。股价反转效率很高，我们认为这是天量顶部确认的信号。

（2）从筹码主峰出现在价格顶部来看：天量顶部出现之时，庄家完成出货动作，筹码转移到 P 位置的主峰筹码位置。这个时候，价格高位的成本集中度很

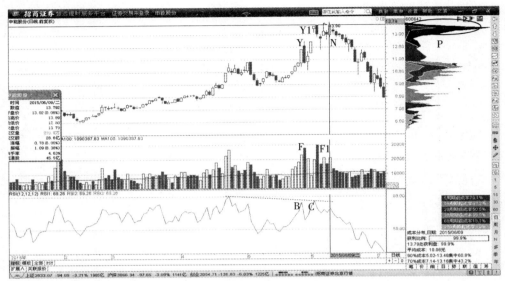

图 1-7　申能股份日 K 线图

高。在庄家不再拉升的情况下，这是股价见顶的信号。

**总结：**通常，天量见顶形态出现以后，庄家已经完成了出货动作。同期图中 RSI 指标在 B 和 C 两个位置出现背离回调，意味着股价成功见顶。股价跌破筹码峰只是股价进一步下跌的起始形态，该股更大的跌幅并未真正出现。

## （二）出逃阶段的卖点解读

庄家成功出逃以后，我们能够看到股价会跌破价格高位的筹码峰形态。一旦量能萎缩期间价格跌破高位筹码主峰，股价加速下跌的走势会出现。考虑到量能萎缩，庄家已经不再控盘，散户投资者被套牢以后，出逃资金增加使得股价跌势加剧。

形态特征如下：

（1）天量见顶使得股价滞涨：天量阴线见顶以后，股价在价格高位出现滞涨的情况，这是反转走势即将开启的信号。天量换手完成以后，庄家持股已经悉数抛售，股价即将跌破缩量横盘形态。

（2）股价缩量跌破筹码主峰：股价在缩量状态下跌破筹码主峰，意味着在没有庄家操盘的情况下，股价已经进入下跌趋势。从交易方向看，看涨已经没有任何盈利可图。跟随庄家出货卖掉股票，才能够保住收益。

申能股份日 K 线图如图 1-8 所示。

图 1-8　申能股份日 K 线图

操作要领如下：

（1）从天量见顶使得股价滞涨来看：股价在 Y 位置和 Y1 位置分别出现天量阴线，价格随即开始横盘调整。图中 M 位置股价连续 5 个交易日出现阴线回调，价格已经在脱离调整形态。

（2）从股价缩量跌破筹码主峰来看：图中显示的价格 M 位置的买点已经出现。股价跌破筹码峰，意味着追涨散户投资者已经套牢，价格反转已经不可逆转。

**总结**：在股价回调至 M 位置的时候，我们看到图中浮筹指标 ASR 在 R 位置达到高位，这是非常典型的看跌信号。价格跌破主峰筹码，并且处于高浮筹的价格区域。在成交量萎缩的前提下，我们认为该股进入跌破 P 位置主峰筹码的临界点，同样也是价格高位卖点位置。

# 五、超短线盈利

在庄家操盘期间，我们能够看到价格经常会出现异动的表现，这是庄家短线拉升股价的结果。如果价格异动期间我们已经持股，可以在股价上涨期间获得较好的收益。庄家操盘时间较短，但是超短线的盈利机会不能忽视。特别是在价格表现不佳的情况下，我们认为尽可能提高短线回报是增加盈利的有效手段。

## （一）庄家超短线操盘的量价特征

在庄家短线操盘的时候，我们会发现股价出现了集中放量上涨的情况。庄家利用资金优势集中操盘，拉升股价的同时使得价格连续达到涨停板，为散户投资者提供所谓的追涨信号。由于庄家利用资金优势放量拉升股价，使得任何一个投资者都不可避免地受到诱惑。如果追涨资金足够多，股价涨停次数可以更多。当然，庄家在超短线操盘期间，股价出现 2~3 个涨停板是常见的价格表现。

形态特征如下：

（1）量能提升到 100 日等量线：当股价表现强势的时候，我们会发现成交量可以提升到 100 日等量线附近。庄家操盘期间，量能一旦回升至 100 日等量线，意味着庄家拉升力度大，股价距离大涨已经不远。

（2）MACD 指标的 DIF 线达到 0 轴线上方：MACD 指标的 DIF 线回升到 0 轴线上方，意味着股价进入加速回升阶段。这个时候，是我们把握交易机会的信号。

（3）股价加速回升：在量能超过 100 日等量线以后，庄家短线操盘力度加强，股价上涨期间回升速度更快。这样一来，价格可以在短时间内冲击高位压力区。

中国国贸日 K 线图如图 1-9 所示。

操作要领如下：

（1）从量能提升到 100 日等量线来看：图中量能虽然不大，但是放量趋势明显。F 位置的量能显著达到 100 日等量线上方，意味着股价活跃度已经成倍增

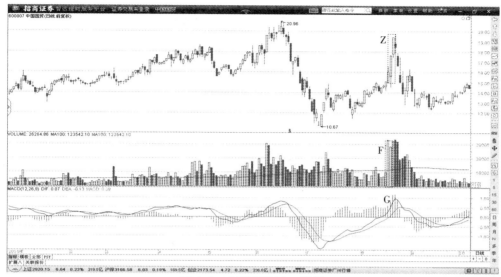

**图 1–9　中国国贸日 K 线图**

加，庄家操盘达到顶峰状态。

（2）从 MACD 指标的 DIF 线达到 0 轴线上方来看：图中 G 位置显示的 DIF 线回升至 0 轴以上，说明均线方面体现的看涨信号更加突出。从庄家操盘来看，该股活跃度提升有助于价格上涨。

（3）从股价加速回升来看：图中 Z 位置的涨停走势出现前，该股已经经历了加速回升的阶段。前期一个月的时间里，股价表现很抢眼，在股价上涨的过程中，庄家控盘力度也在不断提升。

**总结**：随着行情的好转，我们看到了股价放量上涨的趋势中的盈利机会形成。庄家虽然在短线操盘，但是股价涨幅却不断扩大。该股在技术性反弹期间，比较有效的盈利机会还是在价格高位区。股价涨幅越接近高位区的压力位，持股投资者盈利越容易兑现。

### （二）超短线操盘的买卖时机解读

在技术性反弹阶段，我们更注重在获得短线收益的时候兑现利润，而不是在庄家短线拉升期间盲目追涨买入股票。因为庄家操盘力度不大，盲目追涨的套牢风险很大。但是股价短线加速回升期间，我们持股盈利还是比较大的。特别是在价格接近高位压力区的时候，连续出现的两个涨停就为我们提供了 20% 的收益空间，这是比较好的短线盈利了。

形态特征如下：

（1）股价以天量涨停接近压力位：股价以天量形式接近压力位，这是股价见顶的信号。压力位的抛售压力较大，股价难以有效突破短线高位的压力区，这是我们减少持股的重要看点。

（2）价格达筹码峰上限：当股价达到筹码峰上限以后，庄家操盘遇到了强阻力。股价进一步脱离筹码峰上限的可能性较小，特别是刚刚经历调整以后，技术性反弹很容易成为套牢投资者出逃的机会。

（3）RSI 指标接近超买：当 RSI 指标反弹至接近 80 超买状态以后，指标回升空间较大，使得我们确认顶部抛售机会已经出现。在 RSI 指标失去上行动力以后，确认高抛机会非常重要。

中国国贸日 K 线图如图 1-10 所示。

**图 1-10　中国国贸日 K 线图**

操作要领如下：

（1）从股价以天量涨停接近压力位来看：价格在放量过程中加速回升，庄家操盘达到高潮，股价涨幅也在 M 位置接近了前期高位，这是比较典型的高抛点位。

（2）从价格达筹码峰上限来看：价格高位的 M 位置也是筹码峰的上限位置，

是反弹期间投资者盈利状态最好的价位，同时也是前期套牢投资者解套的机会。我们认为这个价位的抛售压力较大，庄家已经在担心充分拉升股价，连续涨停两个交易日以后，卖点形成。

（3）从 RSI 指标接近超买来看：图中 C 位置的 RSI 指标数值为 79.4，已经非常接近 80 的超买状态。指标上行可见很小，这也是判断高抛机会的信号。

**总结：** 当庄家强势操盘的时候，我们看到股价连续两个涨停板后，价格达到筹码主峰上方。持股投资者盈利状态良好。考虑到股价经历了深度回调，价格还未达到前期高位前，已经是不错的高抛机会。股价在 M 位置见顶以后，下跌走势很快出现，我们选择股价涨停期间抛售股票，自然会获得投资收益。

# 第二章　盘口异动揭示庄家最新动向

盘口股价异动最能揭示主力的操盘动向，是主力操盘期间最显著的操盘特征。盘口股价可能出现的量价变化形式非常多样，价格可以高开也可以低开，开盘后股价冲高回落或是探底回升，与主力的操盘意图有关。主力想要获得筹码，就必须要争取低价阶段建仓。而主力拉升阶段不希望有太大的抛售压力，就会在拉升前采取洗盘动作。主力资金虽然较多，但是对于操盘过程的把握并非完全在掌控当中。而通过打压、拉升等操盘动作，主力能够推动价格按照自己的意图发展，以达到相应的操盘目标。

## 一、分时图打压恐吓

庄家在分时图开盘后打压股价，为的就是达到洗盘目标。股价在资金快速流出的时候出现下跌走势，价格下跌速度越快，给散户投资者带来的持股压力越大。如果我们没有据此减少持股，那么会在价格回落期间遭受损失。随着价格跌幅扩大，虽然我们能够看到是股价短线回调，但是庄家打压股价却达到了洗盘目标。

### （一）打压恐吓的量价表现

在开盘阶段，我们看到股价短线表现强势，但是持续时间并不长。庄家需要打压股价来减少拉升期间的抛售盈利。那么开盘后半小时里价格出现放量回落的情况，就是庄家主动减少持股的结果。由于庄家持股数量大，短线抛售部分股票并不影响总体的持仓状况，而抛售股票可以实现洗盘目标。当洗盘结束的时候，庄家拉升股价上涨空间更大，相应的盈利空间也会更高。

形态特征如下：

（1）股价开盘后高位杀跌：在开盘阶段，价格表现良好，但是开盘后股价高位杀跌，这是主力洗盘的结果。特别是量能短时间内放大的时候，主力利用资金优势打压股价，从而达到洗盘目标。

（2）盘中出现天量打压信号：分时图中主力打压股价期间，量能在盘中达天量，这对散户投资者来讲是个非常大的考验。因为出逃资金瞬间达到高位，持股不坚定的散户投资者自然会卖掉手中股票。

（3）庄家以脉冲量打压股价：当庄家以脉冲量打压股价的时候，我们认为这是庄家有预谋的洗盘策略。资金以脉冲形式放大以后，不是连续放量下跌走势，表明庄家出货数量不多，对股价走势影响也是短线的。这样，我们认为价格回调后将是抄底买点机会。

宏昌电子分时图如图 2-1 所示。

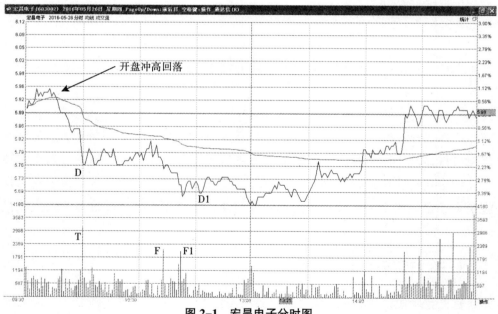

**图 2-1　宏昌电子分时图**

操作要领如下：

（1）从股价开盘后高位杀跌来看：股价开盘后表现强势，但是强势运行时间不长，图中该股冲高回落。在量能放大期间股价跌幅较大，开盘半小时里的跌幅超过 2%。

（2）从盘中出现天量打压信号来看：开盘半小时的时候，图中 T 位置显示的成交量达到天量状态，该股上午盘中的单边下跌趋势得以确认。

（3）从庄家以脉冲量打压股价来看：天量打压股价结束以后，盘中 F 位置和 F1 位置分别出现了脉冲放量形态，股价从 D 位置的低位继续下跌至 D1 位置的更低价位。可见庄家在上午盘的洗盘力度很大，该股很难有强势的表现。

**总结**：庄家洗盘期间，价格从开盘后不久开始逆转。股价进入放量下跌状态以后，我们认为短线的买入股票需要一些耐心。如果当日股价能够企稳，那么是在价格充分调整以后开始的。上午盘中量能脉冲放大，庄家洗盘期间价格难以有效反弹。

## （二）盘口交易机会解读

盘口股价放量下跌期间，我们可以看到庄家放量打压股价的弱势价格表现。在股价跌幅扩大的时候，随着成交量的萎缩，庄家打压股价已经在短时间内结束，我们认为是短线的买入股票时机。量能萎缩说明散户投资者交易不活跃，而庄家也不再打压股价，这个时候的缩量低价恰好为我们提供了建仓的交易机会。

形态特征如下：

（1）盘中股价缩量触底：在上午盘中股价放量下挫以后，我们能够看到股价跌幅已经收窄。在缩量低点，价格趋于横向震荡，而买点机会就出现在价格缩量运行期间。

（2）量能回升股价上涨：在成交量回升的过程中，价格逐步摆脱了庄家洗盘造成的阴影。股价以放量形式脱离低位，相应的买点交易机会也得到体现。

（3）价格收复上午盘跌幅：考虑到上午盘庄家以脉冲放量形式打压股价，盘中量能显著萎缩的过程中，我们确认盘中买点，可以在午后股价上涨期间快速获得收益。如果庄家仅仅是短线小幅打压股价，那么午后价格反弹期间可以收复前期跌幅，短线来看也是我们盈利的机会。

宏昌电子分时图如图 2-2 所示。

操作要领如下：

（1）从盘中股价缩量触底来看：图中 F 位置的量能短线放大是最后一次庄家

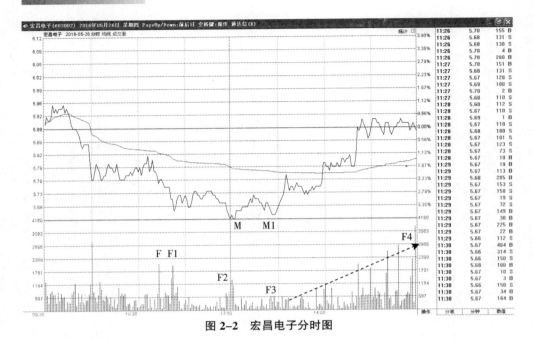

图 2-2　宏昌电子分时图

打压股价，而该股在缩量状态下触底以后，F3 位置的放量促使股价进入反弹状态。从买点看，图中量能萎缩期间，M 位置和 M1 位置的买点机会都不容忽视。

（2）从量能回升股价上涨来看：盘中成交量已经明显萎缩，而午后放量期间股价触底回升。我们能够看到量能处于放大趋势，而价格上涨也稳步推进。

（3）从价格收复上午盘跌幅来看：股价在盘中跌幅超过 3%，不过整体量能放大时间不长，价格是在脉冲放量的状态下下跌的。而午后股价触底回升，我们能够看到股价进入放量回升阶段。

**总结：**成交量以脉冲形式放大，我们看到股价下跌速度很快，盘中跌幅却并不大。当量能萎缩以后，该股出现了触底迹象，随着午后成交量放大，股价摆脱了庄家洗盘期间的弱势回调走势。比较好的买点机会出现在盘中地量下跌期间。

# 二、分时图拉升诱多

分时图中，庄家拉升股价的目标是获得收益，但是如果持续操盘意愿不强，我们会看到股价经历了短时间的放量上攻以后开始见顶。这个时候，庄家资金流入快速消失，使得追涨的散户投资者高位买入股票。虽然量能在盘中达到天量，这是资金量不大的散户追涨所致。如果庄家不去继续操盘，散户自身并不能拉升股价冲击涨停价。

在分时图中，如果股价有放量上攻的趋势，但是没有庄家持续操盘的量能支撑，股价就很难实现大涨的目标。

## （一）拉升诱多的量价表现

庄家在分时图中诱多拉升股价的时候，股价开盘后短时间内反馈上涨。但是，由于价格上涨速度过快，股价出现了天量见顶的量价表现。这个时候，我们认为是即将高位反转的信号。庄家放量拉升股价的时间比较短，价格仅仅在开盘后一小时里走强，充分说明了诱多的操盘意图。

通常，开盘后一小时里股价容易受到资金进出影响，这个时候投资者的买卖意愿强烈，容易在庄家诱多拉升期间高位买入股票。如果没有庄家后续的资金支撑，股价不可能在盘中维持强势运行状态。在天量顶部出现以后，散户用大笔资金抢筹后处于套牢状态。

形态特征如下：

（1）开盘放量运行：开盘股价放量运行，这是庄家有效操盘的一种体现。开盘价格能够反映出庄家的操盘意图，特别是在股价开盘放量上涨的情况下，我们认为价格走强的概率更大。

（2）脉冲天量拉升股价大涨：脉冲量能推动价格上涨的效率很高，但是并不能持续下来。通常，庄家会以脉冲量能操作股票，这是值得我们关注的风险因素。

（3）开盘一小时出现顶部形态：开盘一小时内，股价已经出现天量见顶的信号，这是我们高位抛售股票的机会。庄家操盘力度虽然较大，但是天量量能出现以后，表明多方已经释放了拉升的资金，庄家并无后续资金拉升股价，促使股价顶部反转形态出现。

超声电子分时图如图 2-3 所示。

图 2-3　超声电子分时图

操作要领如下：

（1）从开盘放量运行来看：股价开盘价格已经出现上涨，量能处于放大状态。开盘十分钟内，我们看到每分钟成交股票数量在 4000 手左右，表明该股换手率较高，股价走势较活跃。

（2）从脉冲天量拉升股价大涨来看：在量能放大的过程中，该股表现虽然强势，但是到 10:30 前，图中 T 位置和 T1 位置分别出现了天量量能，股价也在这个时刻见顶。天量量能以后该股开始缩量，价格走势不佳表明庄家诱多拉升已经结束。

（3）从开盘 1 小时出现顶部形态来看：我们看到股价在图中 T 位置和 T1 位置达天量，股价涨幅截止于 5.6%。该股尖顶的反转形态出现在 D 位置，高抛交易机会出现。

**总结：** 在股价天量见顶之时，我们从逐笔成交的股票看，图中 P 位置显示的抛盘达 1445 手。而出现这种大量资金出逃的情况以后，图中 W 位置的量能萎缩很能说明问题。天量与缩量转换之时，就已经说明庄家诱多拉升结束。天量量能和缩量量能之间对比明显，我们能够清晰地看到股价见顶的走势。

## （二）盘口交易机会解读

在股价放量回升阶段，我们追涨的风险还是很大的。如果我们已经持有股票，当股价在开盘后高开回升时，不去追涨可以减少套牢风险。而等待股价真正以天量见顶以后，高抛交易机会形成，我们卖掉股票可以规避下跌风险。天量量能出现，说明庄家短线以脉冲形式拉升股价诱多，后续没有量能稳定放大支撑，股价势必会进入下跌状态。

形态特征如下：

（1）放量后天量见顶：当成交量持续放大以后，股价短线涨幅扩大。这个时候，天量顶部反转形态成为价格难以逾越的阻力位，是高抛交易机会。

（2）缩量顶部出现：在天量顶出现以后，股价短线二次反弹，在缩量中出现缩量顶部形态，这是最后的高抛机会。

（3）股价缩量走弱：当天量顶和缩量顶完成后，价格在量能萎缩的情况下走弱，收盘前股价运行都不会很强。那么确认卖点以后，我们可以在收盘前就减少亏损。

超声电子分时图如图 2-4 所示。

图 2-4　超声电子分时图

操作要领如下：

（1）从放量后天量见顶来看：我们看到股价在开盘 1 小时内走势很强，但是此时时间并不长。该股流通盘比较小，仅有 5.37 亿股。庄家操盘期间，拉升股价到 M 位置高位，已经出现天量顶部。

（2）从缩量顶部出现来看：F 位置的放量状态是可以清晰看到的，而 M 位置的天量顶以后，M1 位置出现了缩量顶部形态。缩量顶部是天量诱多结束后股价反弹的结束，这次反弹强度很小，我们将其看作是卖点机会。

（3）从股价缩量走弱来看：F 位置的放量和后期的缩量形成鲜明对比，我们能够看到该股缩量达到开盘时候的一半。而放量和缩量的转折点便是 M 位置天量顶部出现的时候。

**总结：** 盘口交易机会最容易被我们看到，该股开盘后 1 小时里出现天量顶，交易机会清晰可见。随着行情的逐步确定，我们能够在价格还未走弱的时候减少持股。庄家在开盘后拉升股价持续时间较短，短时间内出现天量却没有状态，这是诱多信号，也是卖点信号。

# 三、分时图高开吸引散户

当庄家想要拉升股价的时候，开盘阶段就已经开始放量拉升股价。从量价表现看，股价在开盘价格上出现了放量高开运行的特征，我们的交易机会出现在股价高开运行以后。如果我们没能在股价高开阶段追涨买入股票，那么可以在价格冲高途中买入。庄家既然敢于在开盘价格上拉升股价，说明拉升股价意愿强烈。如果开盘 1 小时内股价并未放量涨停，价格调整便是买点机会。

## （一）高开横盘的量价表现

在股价放量高开以后，价格开盘后短时间内快速上攻，这是庄家拉升股价高开后散户追涨的结果。散户投资者跟随庄家同步拉升股价，促使股价开盘后很快达到较高涨幅。庄家操盘意图明显，就是利用高开的机会拉升股价，促使股价进入回升趋势。如果开盘半小时里股价冲高后调整，我们认为缩量调整依然提供了建仓时机。

形态特征如下：

（1）股价放量高开：通常，股价放量高开接近 3% 的时候，表明庄家操盘决心很强，价格在盘中走高的概率很大。股价高开的同时吸引投资者在第一时间关注个股走势，其中一部分投资者在开盘后主动介入，推动价格快速走强。

（2）开盘后价格加速回升：在股价高开以后，散户投资者追涨热情很高，如果庄家与散户同步拉升股价，开盘后 10 分钟内价格涨幅将达 5%，这是比较好的回升信号。

（3）盘中二次放量推动价格走强：当股价经历缩量调整以后，盘中量能二次放大，这是庄家再次强势操盘的信号。由于开盘后不久价格已经涨幅很大，二次放量以后股价能够挑战更高的阻力位，那么我们高位追涨的建仓资金有望获得收益。

顺络电子分时图如图 2-5 所示。

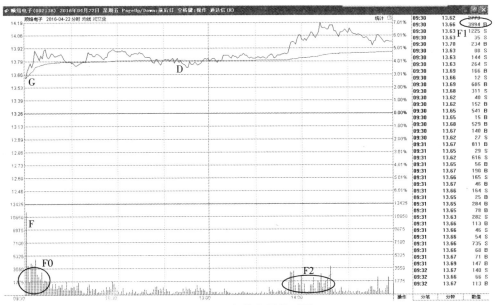

图 2-5　顺络电子分时图

操作要领如下：

（1）从股价放量高开来看：开盘阶段，F 位置的 1 分钟量能达到天量，股价高开非常明显。该股开盘上涨 2.7%，表明庄家在开盘阶段已经开始拉升股价。

（2）从开盘后价格加速回升来看：开盘后 10 分钟里，股价从高开 2.7% 到涨幅 5%，价格缩量走强信号明确。图中 F 位置的天量以后，F0 位置的量能依然维持高位，这是股价强势上涨的基础。

（3）从盘中二次放量推动价格走强来看：虽然该股在盘中横盘，但是庄家并未卖掉股票，而是在图中结束后 F2 位置再次放量拉升股价。可见庄家操盘过程已经得到延续，该股高开运行只是股价走强的起始形态。

**总结：** 我们从逐步成交看，图中 F1 位置显示的 3994 手大单买入股票，这是集合竞价期间庄家拉升股价的证据。庄家拉升股价意图从开盘阶段就已经开始，确认庄家的拉升动向很重要，这样我们才会在价格继续表现强势的时候买入该股。

### （二）盘口交易机会解读

在股价放量高开以后，我们说庄家操盘过程是有节奏的，开盘后拉升股价，但是价格并未快速涨停。这个时候，是庄家操盘过程还未到高潮阶段，价格走势还会出现反复。考虑到庄家介入明显，并且开盘价格涨幅接近 3%，盘中虽然调整，价格回调空间有限。我们若能够在缩量之时买进股票，持股阶段自然有很高的收益空间。

形态特征如下：

（1）股价缩量横盘在等价线：当股价缩量横盘在等价线以上，我们认为庄家短线不去拉升股价便是为了洗盘目标。量能萎缩期间，盘中价格横盘运行，对持股投资者是一种考验。有一些持股不坚定的投资者，会在股价高开回升后减少持股，那么这对于庄家来讲是好事。庄家继续拉升股价的话，抛售压力就会减轻。

（2）午后出现二次放量：量能在午后二次放大，说明庄家延续了操盘风格。价格表现强势，使得股价能够在明显缩量后继续上攻。

（3）价格继续挑战高位压力区：我们看到放量之时价格表现总是很强势，即便在收盘前出现二次放量，依然是持股盈利的机会。价格涨幅不一定达到涨停价，但是庄家操盘的手法过硬，集中放量正是股价继续挑战高位压力位的信号。

顺络电子分时图如图 2-6 所示。

**图 2-6　顺络电子分时图**

操作要领如下：

（1）从股价缩量横盘在等价线来看：我们看到股价高开上涨以后横盘时间较长。价格在等价线上方运行，图中 M 位置是价格缩量跌破等价线的时刻，这是第一个买点机会。当量能萎缩到图中 W 位置的地量状态的时候，价格横盘波动空间很小，图中 M1 位置是第二次买点机会。

（2）从午后出现二次放量来看：午后股价二次放量的时候，价格冲高前我们可以追涨买入该股。

（3）从价格继续挑战高位压力区来看：尾盘该股集中放量持续半小时，股价冲高以后收盘价明显高于横盘价格。可见，我们在 M 位置和 M1 位置的建仓已经获得收益。

**总结**：股价放量上涨需要足够的时间，特别是庄家操盘不连续时，我们可以利用缩量调整的机会提高持股数量，以便在庄家再次拉升时盈利。

# 四、分时图低开造成恐慌

分时图股价出现低开走势，这是庄家主动打压股价的结果。通常，价格低开意味着庄家开始抛售股票，价格显著放量低开以后走势较弱，散户投资者跟随庄家抛售股票，放量下跌走势可以在盘中延续下来。从操作上来看，早一些卖掉股票是明智做法。股价低开下跌，很难在盘中反弹至等价线以上，我们在减少持股方面需要更快地进行，才能适应下跌趋势。

## （一）低开运行的量价表现

在股价低开运行期间，股价低开后放量杀跌，资金出逃成为价格下跌的推动因素。而庄家资金量大，同时持股数量也最多，抛售股票势必引起散户跟风出逃。这样一来，放量下跌的价格走势不会在盘中逆转。最可能出现的情况是，庄家放量出货以后价格快速杀跌。在出逃资金减少的情况下，股价在缩量状态下开始反弹。从反弹强度看，价格涨幅并不会超过等价线。而从收盘跌幅看，价格跌幅也会比较深，是多数短线交易的投资者不能接受的跌幅。

形态特征如下：

（1）股价放量低开：当开盘量能放大的时候，庄家短线出货力度加强，这是股价加速杀跌的信号。特别是股价放量低开的背景下，股价难以维持短线强势，我们做好减仓准备还是非常有必要的。

（2）开盘1小时里释放抛售压力：我们说如果庄家在开盘阶段大量出货，自然会对股价造成很大负面影响。价格在放量状态下低开下挫，开盘半小时内不会有任何起色。庄家在开盘1小时里放量打压股价，当日股价不会出现明显的企稳形态，股价只可能在缩量状态下低位运行。

（3）盘中出现缩量反弹：开盘半小时里庄家出货力度最大，等待大量出货结束以后，股价会迎来技术性反弹走势。价格反弹期间可以达到等价线附近，但是继续突破等价线的主力很强，股价反弹高度止于等价线。

超声电子分时图如图2-7所示。

图 2-7 超声电子分时图

操作要领如下：

（1）从股价放量低开来看：该股在低开以后，股价 D 位置的跌幅已经快速超过 2%。图中 F 位置的量能集中放大，这是推动价格杀跌的重要因素。庄家操盘手法非常到位，该股开盘后半小时内没有任何反弹可言。

（2）从开盘 1 小时释放抛售压力来看：开盘 1 小时里，该股跌幅已经达 7% 以上，同时成交量有效放大，最高每分钟成交超过 1 万手，表明庄家大量抛售股票，使得股价没有任何反弹的机会出现。

（3）从盘中出现缩量反弹来看：图中 G 位置是股价反弹走势的高位，价格仅回升到等价线位置，缩量反弹就宣告结束。

**总结：**低开意味着股价走势较弱，像样的行情没有出现的可能。尤其是在开盘放量的情况下，股价难以形成有效的回升，下跌趋势得以出现。我们减仓的机会出现在股价放量低开以后。不过如果价格已经经历回落走势，那么缩量反弹也提供了不错的卖点。

## （二）盘口交易机会解读

庄家放量出货阶段，价格下跌的节奏很快，并不会有非常好的出货机会等着我们。但是相比较持股而言，我们卖掉股票总能规避更大的下跌风险。在一个交易日里，庄家出货并未使得股价跌停，但是跌幅超过 5%。这样，接下来的交易日中下跌趋势有望延续，我们还是要有减仓的必要。

形态特征如下：

（1）放量杀跌后量能萎缩：庄家在开盘后 1 小时里大量出货，使得成交量也出现显著放大。当股价下跌较大的时候，庄家短线出货结束，股价进入缩量反弹状态。

（2）缩量反弹止于等价线：限于反弹期间量能不高，少数散户投资者买入股票，推动价格达到等价线。而股价反弹高度也只能达到等价线，当价格遇阻等价线的时候，我们需要考虑卖掉股票。

超声电子分时图如图 2-8 所示。

**图 2-8　超声电子分时图**

操作要领如下：

（1）从放量杀跌后量能萎缩来看：开盘 1 小时里量能显著萎缩，股价在下跌趋势中跌幅超过 7%。图中量能萎缩至 W 位置的低点，这种放量下跌后量能萎缩的情况在盘中得到延续。

（2）从缩量反弹止于等价线来看：量能明显低于开盘阶段，使得股价反弹高度受到影响。图中 M 位置是股价首次达到等价线位置，也是第一次卖点机会。在 M1 位置和 M2 位置出现了第二次和第三次卖点。

**总结：** 当股价结束放量下跌走势以后，缩量期间的反弹卖点都非常相似。我们的减仓机会出现在等价线位置，这个价位相对前一日收盘价格低 5%。即便如此，考虑到当日庄家真正单边出货，我们卖掉股票依然能够减少因为股价继续下跌带来的亏损。

# 五、分时图震荡洗盘

庄家拉升股价前，采取洗盘策略打压散户投资者，这是拉升的前期准备工作。只有做足了洗盘动作，才可能在拉升股价期间获得更大收益。庄家利用资金优势打压股价，使得价格快速回落，即便盘口价格跌幅不大，也会有一个触底回升的过程。我们关注价格触底回升期间的买点机会，若能在庄家洗盘期间低位建仓，盈利空间自然更高。

## （一）震荡洗盘的量价表现

庄家洗盘期间，我们通过放量就可以发现庄家的操盘过程。价格下跌期间，量能以脉冲形式放大。股价在非常短的时间里放大，这是庄家快速出货打压股价的信号。价格短线跌幅较大，却没有出现连续放量下跌的情况。脉冲量能持续时间又比较短，显示出庄家利用短线打压的策略实现洗盘目标。

形态特征如下：

（1）开盘价格波动较小：在打压股价前，开盘期间庄家并未大量出货，这非常关键。庄家并不打算出货，而开盘后出货完全是为了操盘。

（2）开盘后庄家天量打压股价：洗盘期间短线资金出逃数量较大，正是庄家打压股价的信号。资金在非常短的时间里出逃，形成脉冲放量打压股价的状态。

（3）盘中第二次脉冲放量打压股价：首次放量打压股价结束以后，盘口还会出现二次放量打压股价的情况。经过两次放量打压股价以后，投资者持股的耐心被甄别出来。经得住价格波动的投资者总会成为最后的赢家。

深物业 A 分时图如图 2-9 所示。

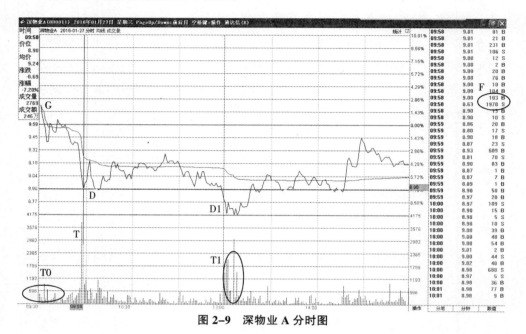

图 2-9　深物业 A 分时图

操作要领如下：

（1）从开盘价格波动较小来看：我们看到该股开盘价格与前一个交易日几乎一致，而 T0 位置的小幅放量，股价开盘后快速回调。

（2）从开盘后庄家天量打压股价来看：开盘以后，我们看到图中 T 位置出现了天量量能，F 位置显示的被抛售股票为 1978 手。庄家以天量打压股价下跌，盘中 D 位置股价跌幅超过 6%。庄家短线洗盘以后，股价从 D 位置的价格低点快速反弹，显然量能没有持续放大，资金出逃数量有限。

（3）从盘中第二次脉冲放量打压股价来看：图中显示的 T1 位置是第二次脉冲放量，而股价跌幅再创新低，达到图中 D1 位置。可见，庄家两次放量打压股价获得成功。量能以脉冲形式两次放大，股价分别在 D 位置和 D1 位置快速触底。

**总结：**针对庄家短线打压股价洗盘的策略，我们需要在股价加速下跌时买入股票，以便获得廉价筹码。脉冲放量说明庄家出逃资金数量有限，庄家为了洗盘打压股价，我们趁机低吸可以降低持股成本，以便在较高回升后盈利。

## （二）盘口交易机会解读

既然庄家用资金优势打压股价，那么价格短线下跌期间，我们可以在脉冲放量的时候买入股票。脉冲量能出现之时，是庄家资金短线出逃最多的时刻，也是股价快速触底的时刻。相应地，从建仓成本来看，价格在脉冲放量下跌期间股价更低，我们抄底获得的收益更高。

形态特征如下：

（1）股价在盘口出现脉冲尖底：股价在盘口出现了脉冲放量的情况，价格脉冲放量期间快速触底，交易机会出现在价格低点。尤其是尖底形态中，我们可以在尖底出现时确认建仓。

（2）资金出逃短线打压股价：庄家利用短线资金出逃来打压股价，价格在盘口两次快速触底，这是典型的洗盘形态。我们在洗盘后可以有机会低价介入。

深物业 A 分时图如图 2-10 所示。

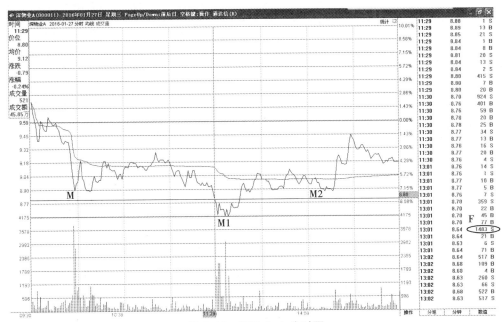

**图 2-10　深物业 A 分时图**

操作要领如下：

（1）从股价在盘口出现脉冲尖底来看：图中 M 位置和 M1 位置都是比较典型

的尖底形态，是我们短线低位抄底的不错机会。期间资金短线出逃，庄家洗盘却为我们提供了抄底机会。

（2）从资金出逃短线打压股价来看：该股盘口仅有两次显著的脉冲放量形态，脉冲量能出现之时，股价快速触底。我们利用价格下跌的机会买入股票，M位置和M1位置是不错的时机。随着价格触底成功，图中M2位置的等价线以下依然是买点。

**总结：**在资金出逃的时候，我们看到F位置显示的13:01出现了1483手大单抛售，这是庄家第二次洗盘期间卖掉的股票。看似资金出逃规模较大，但是持续时间很短，这就限制了价格跌幅。两次脉冲放量打压股价均位于低位买点，我们可以有效利用低价建仓机会。

# 六、分时图低开跌停洗盘

分时图中股价低开跌停，这是庄家洗盘的强势信号。低开表明庄家有意打压股价，而股价跌停的时候，表明洗盘已经达到高潮。没有出逃的散户投资者一定会在短线出现亏损。因为价格跌停以后，股价第二个交易日继续低开的概率很大。如果我们要想不被洗盘出局，就必须对庄家的洗盘过程了如指掌才行。

## （一）跌停洗盘的量价表现

当庄家不遗余力地打压股价的时候，开盘那一刻就已经出现了低开的价格走势。我们会看到股价低开下跌的情况出现，而低开以后价格下跌走势非常弱，量能萎缩的情况下，股价运行区间逐渐向下移动。为了给散户投资者一种真实的出货信号，庄家尾盘期间依然大量出货，促使股价加速下挫。一部分散户投资者被庄家洗盘出局，尾盘放量跌停就说明了问题。

形态特征如下：

（1）股价低开运行：开盘阶段股价出现低开走势，这是吸引散户投资者卖出股票的第一个信号。低开表明价格走弱，持股不坚定的投资者在开盘后慌忙换股，这就是庄家成功洗盘的信号。

（2）盘中股价缩量下跌：低开以后庄家不会轻易拉升股价，因为洗盘还未结束。接下来，价格以缩量运行的状态震荡走低，缩量洗盘行情得到延续。

（3）尾盘触及跌停价：洗盘是庄家打压股价的有效手段，低开下跌之时，很多持股的散户投资者的确意识到庄家的洗盘动作，并且始终持有股票。不过价格走势却不乐观，洗盘在尾盘得到延续，放量之时，很多投资者难以预料到股价尾盘跌停的走势。

纳川股份分时图如图 2-11 所示。

**图 2-11　纳川股份分时图**

操作要领如下：

（1）从股价低开运行来看：图中 D 位置显示的股价低开达 2.4%，表明庄家在开盘时打压股价力度很大。

（2）从盘中股价缩量下跌来看：开盘后价格表现弱势，量能在上午盘呈现出缩量态势，价格走低的趋势难以逆转。可见庄家洗盘目标明确，当日股价上涨的概率很低。

（3）从尾盘触及跌停价来看：上午盘股价缩量横盘，价格并未回升到前一日收盘价上方。午后股价走势低于等价线，在图中 F 位置量能放大至天量以后，该股下跌趋势延续。我们说图中 F 位置放量是主力出货洗盘的结果，而尾盘 F1 位置量能密集放大，显然是散户投资者恐慌性抛售所致。尾盘该股跌停，庄家达到洗盘效果。

**总结**：股价低开下跌，表明庄家打压股价的洗盘意图。图中 F 位置显示的开盘 456 手股票被抛售，抛售力度不大，但对价格影响很大。特别是在缩量回调期间，大单资金继续流出，说明庄家洗盘力度很大，短线持股散户投资者承受很大压力。

## （二）盘口交易机会解读

从主力投资者的洗盘决心来看，如果股价低开后缩量运行，并未出现任何有效的涨幅，我们认为确保在价格高位减仓还是有必要的。减仓针对超短线交易的散户投资者，而如果我们看跌局部行情，却看涨后期的价格表现，那么这个时候，我们认为庄家洗盘是为我们提供了抄底机会。特别是在尾盘期间，股价延续了缩量调整中枢。并且尾盘股价在放量中继续下跌，收盘前的低价买点不容忽视。

因为股价整体出现下跌趋势中，最低价的买点还是很难把握的。特别是如果我们不等到尾盘再考虑建仓，那么买入股票的成本一定会很高。鉴于股价低开缩量运行的弱势表现，我们在开盘后就能够提前预期股价的单边下跌走势。

形态特征如下：

（1）低开后缩量反弹：当股价低开以后，技术性反弹不会改变价格弱势表现。典型的高抛交易机会出现在等价线附近，因为等价线已经提供了强阻力。

（2）价格止于等价线：既然股价已经低开下跌，庄家打压股价的意图不言而喻。随着量能维持缩量状态，盘口股价不会出现有效涨幅。等价线已经是短线价格的高位，价格反弹会止于等价线位置。

（3）庄家尾盘打压股价出现买点：庄家在尾盘继续放量打压股价，这是推动价格继续下跌的重要因素。特别是尾盘天量抛售的量能出现以后，对散户投资者影响很大，这是促使散户继续抛售股票的信号。也就是在散户出逃的过程中，尾盘买点出现。

纳川股份分时图如图 2-12 所示。

操作要领如下：

（1）从低开后缩量反弹来看：股价低开运行期间，上午盘中 G 位置的价格高位，股价反弹空间非常有限。价格波动并未明显脱离下跌的弱势状态。

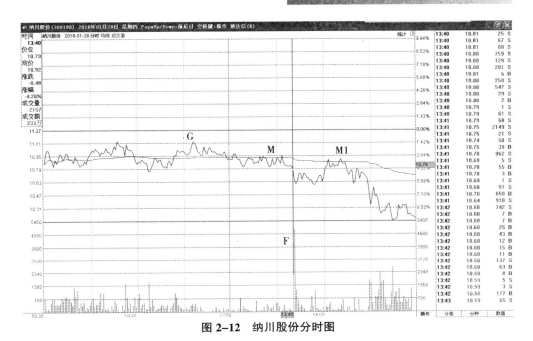

**图 2-12　纳川股份分时图**

（2）从价格止于等价线来看：股价走弱的过程中，午后价格已经跌破等价线。期间价格弱势反弹，M 位置和 M1 位置股价都为达到等价线以上。价格反弹止于等价线，提示我们价格走弱。

（3）从庄家尾盘打压股价出现买点来看：图中 F 位置的量能达到天量，该量能出现在尾盘，是庄家继续洗盘的信号。虽然只是瞬冲形成天量，却导致尾盘股价放量跌停。跌停前的低位买点机会不容忽视。

**总结**：在分时图低开跌停洗盘的过程中，我们能够预期到股价缩量调整的走势。但是股价尾盘跌停，依然会使得很多散户投资者吃惊。庄家尾盘打压股价，达到了强势洗盘目标。不过考虑到价位较低，我们也有抄底的机会可以把握。

# 第三章　资金揭示庄家操盘

资金优势从来都是庄家操盘的主要优势，利用大资金进出个股达到操盘目标，这是庄家获利的重要手段。庄家资金介入的形式可以是脉冲大单，也可以是连续大单控盘的方式。大单资金流入期间，散户买卖股票对价格影响明显减弱。股价按照资金更大的主力资金流动方向运行。如果资金大量净流入，股价短时间内快速上涨，主力利用资金优势达到了操盘目标。关注庄家资金的短期流向以及中长期的资金控盘过程，我们可以精确地看到庄家不同的操盘时段。最后，我们以庄家的操盘策略完成我们自身的交易过程，便能够坐上庄家为我们抬的轿。

## 一、脉冲大单确认建仓

庄家操盘期间，资金进出相比较散户的资金更加明显。这个时候，我们关注大单流向和超大单控盘就能够看到庄家的操盘效果。如果庄家在操盘期间，敢于主动抢筹，那么对价格企稳非常有好处。特别是在脉冲量超大单资金流入期间，我们可以根据脉冲资金流入的价位判断庄家持股成本，为接下来我们判断庄家操盘过程做好准备。

### （一）脉冲大单资金流入信号解读

脉冲超大单资金流入期间，从资金净流入的规模和持续时间来看，庄家短线操盘意图可以得到体现。这个时候，庄家的交易成本集中分布在某一个价格区间，判断庄家成本和操盘方向就简单得多了。

形态特征如下：

（1）脉冲大单资金频繁流入：脉冲大单资金频繁流入期间，说明庄家已经在抢筹码了。从脉冲大单发生的价格来看，我们可以准确判断出庄家的持仓价位。如果我们知晓庄家的成本价，对于今后交易股票非常有利。

（2）股价短线跌破庄家建仓价位：当庄家建仓结束以后，价格进入弱势调整期。这个时候，庄家操盘力度不大，使得股价出现弱势调整的格局。调整空间并不大，但是跌破庄家建仓成本的过程，也是我们抄底的交易机会。

（3）资金短期流出明显减少：当短线流出资金明显减少的时候，价格弱势回调期间抛售压力减轻，这是股价在庄家建仓成本区获得支撑的信号，意味着低点交易机会已经出现。

紫江企业日 K 线图如图 3-1 所示。

图 3-1　紫江企业日 K 线图

操作要领如下：

（1）从脉冲大单资金频繁流入来看：图中显示的 A、B、C、D 四个位置的资金流入规模很大，明显是庄家以脉冲大单建仓的形态。

（2）从股价短线跌破庄家建仓价位来看：当股价在 D 位置明显回调以后，价格跌破了庄家在 B、C、D 三个位置的建仓成本价。庄家操盘目标显然不会让自己亏损，价格跌破成本价以后，庄家拉升股价会更加主动。价格走强前交易机会出现。

（3）从资金短期流出明显减少来看：图中 W 位置体现的资金流出规模不断减小，表明价格跌破庄家成本价的过程中，抛售压力减轻，这是股价即将企稳的证据。

**总结：**庄家早在 A 位置就开始抢筹，而 B、C、D 三个位置的抢筹虽然数量不大，却体现了庄家的建仓意图。在庄家完成了建仓动作以后，我们需要在低廉的价位上抢筹。而股价跌破庄家的建仓成本价，便是相对低廉的价位。如果我们能够获得与庄家相比有竞争优势的股票，自然不会亏损。

## （二）大单流入的买点信号

在大单流入期间，我们会看到股价经历回调走势。但是回调以后资金流入单边增加，相应的买点信息也会出现。根据资金增加的信号，我们能够确认庄家开始操盘的位置。而一旦超大单脉冲资金再次流入，相应的交易机会就会更加清晰。

形态特征如下：

（1）资金开始单边流入：当资金开始单边流入的时候，我们认为这是庄家操盘的信号。特别是股价从低于庄家建仓成本的价格区间回升，表明庄家对价格并不满意。随着资金小幅度流入，股价企稳后加速上涨可期。

（2）脉冲大单资金再创新高：当股价反弹回升至价格高位以后，我们会看到脉冲流入的大单资金达到历史高位，这通常是庄家有效拉升股价的信号。

（3）价格突破高位压力区：在脉冲大单资金流入达到历史新高以后，庄家的操盘力度有目共睹。由于资金集中流入，股价被快速拉升并且脱离价格高位，使得股价进入稳步上行阶段，那么这个时候的追涨机会也同步出现。

紫江企业日 K 线图如图 3-2 所示。

操作要领如下：

（1）从资金开始单边流入来看：图中 E 位置的资金出现小幅流入，这是庄家拉升股价脱离成本价的信号。我们可以认为这时庄家不会再容忍价格继续下跌了，开始采取拉升策略。表明短线的买点机会形成。

（2）从脉冲大单资金再创新高来看：图中 F 位置的脉冲超大单达到有史以来最大，并且持续两个交易日。表明庄家拉升股价达到高位区以后，开始主动操

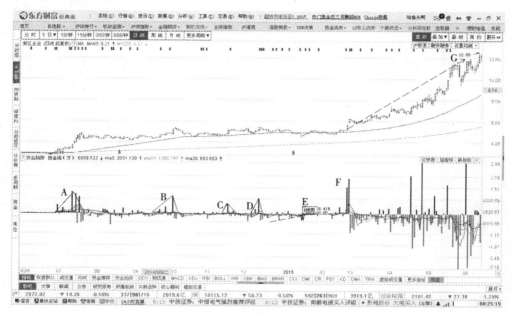

**图 3-2　紫江企业日 K 线图**

盘，应对价格颓势。这个时候，我们追涨依然能够盈利。

（3）从价格突破高位压力区来看：价格以两根阳线的形式突破了高位压力区，这是股价加速上涨的信号。

**总结：** 当庄家主动拉升股价以后，我们能够发现价格从 5 元低位飙升至高位的 G 对应的 12 元，涨幅已达 140%。回过头来看庄家的脉冲大单操盘过程，我们能够清晰地发现庄家的成本位置，并且在价格低于庄家成本价的情况下介入，之后的盈利空间较大。

# 二、资金控盘超强拉升

在资金控盘的时候，我们会看到价格走势较强，股价总是能够在恰当的时候出现突破形态，这是庄家不断操盘的结果。资金对股票控盘以后，这是庄家拉升股价涨停前的运作形式。我们不能忽视这种被资金开盘的个股，采取必要的建仓措施获取筹码，才能在股价走强的时候获得收益。

## （一）资金控盘拉升信号解读

从主力资金流入的角度看，庄家控盘期间，超大单资金呈现出流入状态。从一段时间里的资金流入看，我们可以发现资金呈现出连续流入的状态。价格表现强势，在资金流入的过程中，交易机会不断得到检验。在庄家超大单资金流入的过程中，我们还能看到小单资金的流出。日 K 线图中小单资金流入逐渐收窄，表明散户投资者的交易资金量相对减少，这是庄家控盘后价格即将走强的信号。

形态特征如下：

（1）超大单线高位运行：超大单线高位运行代表了庄家的开盘效果，是股价走强的基础。在超大单线高位运行期间，我们会看到股价走势很强，即便在回调期间，价格跌幅呈现出不断收窄的状况。

（2）超大单线再创新高：庄家控盘时间越长，价格走强的概率越大。而从超大单线表现看，超大单线不仅会运行在高位，而且会不断创新高。在超大单线达到新高的那一刻起，庄家控盘效果更进一步，距离股价大幅上涨也更进一步。

（3）散户交易参与度不断降低：小资金线呈现出回调的状态，这是散户参与度不断降低的信号。散户投资者对个股关注度降低，意味着庄家的实力相对增加，表明行情已经处于突破的前期。

贵研铂业日 K 线图如图 3-3 所示。

操作要领如下：

（1）从超大单线高位运行来看：超大单线在 A 位置向上突破以后，庄家的大资金流入线就已经在高位运行，我们认为这是难得的庄家介入的信号。

（2）从超大单线再创新高来看：超大单线在 B 位置出现突破，并且在接下来的 C 位置再次突破，这是超大单线再创新高后庄家控盘力度增大的信号。

（3）从散户交易参与度不断降低来看：S 位置显示的小资金流入呈现出下降态势，说明散户资金虽然在流入，但是规模明显减小。这个时候，庄家控盘效果相对增强，意味着股价走强的概率更高了。

**总结**：图中 M 位置股价已经在重要的 250 日均线下方，而这个时候超大单线连续出现突破，意味着庄家操盘效果不断提升。该股已经处于爆发性突破的前期，特别是 S 位置显示的小资金流入下降以后，庄家有望在这个时候强势控盘。

图 3-3　贵研铂业日 K 线图

## （二）资金控盘的买点信号

通常，在超大单线不断走强的情况下，如果超大单线回升至散户线上方，我们认为庄家短线控盘已经能够明显影响价格趋势。这个时候，股价可以向上实现突破。超大单线能够继续向上回升，表明庄家弹药充足，拉升股价涨停已经没有问题。特别是在股价临近突破的阶段，买点机会不容忽视。

形态特征如下：

（1）超大单线达散户线上方：当超大单线达到散户线上方以后，庄家操盘明显超过散户对价格的影响，股价表现强势，这是价格即将飙升的信号。

（2）价格冲高回落：股价冲高回落期间，庄家对股价的强势操盘首次胜利结束。股价达到最高位，这是趋势得以延续的信号。

（3）超大单线依然表现抢眼：超大单线表现抢眼的情况下，我们能够看到股价冲高回落期间超大单线依然达到高位。即便是短线回调，回调空间有限，说明庄家后续的操盘动作还会进行，持股投资者有望继续大幅盈利。

贵研拍业日 K 线图如图 3-4 所示。

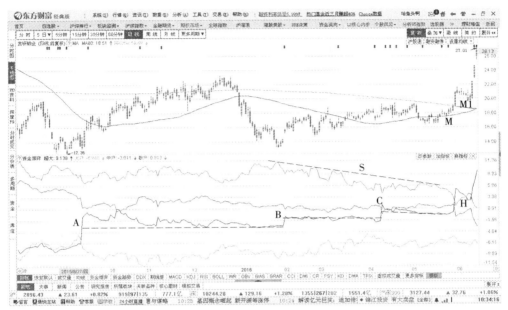

**图 3-4　贵研铂业日 K 线图**

操作要领如下：

（1）从超大单线达散户线上方来看：超大单线开始回升到散户线上方，图中 H 位置超大单线冲高后企稳，表明庄家控盘期间的买点出现。

（2）从价格冲高回落来看：股价在 M 位置走强以后，价格在 M1 位置冲高回落，M 位置和 M1 位置都是不错的买点。特别是价格冲高回落以后，超大单线代表的最佳控盘效果较好，M1 位置的追涨机会不容错过。

（3）从超大单线依然表现抢眼来看：超大单线走强以后，H 位置的超大单线依然在高位运行，并且与散户线不相上下。这个时候，庄家已经在争夺对股价的控制权，我们的买点机会出现。

**总结**：超大单线强势回升以后，我们可以把握好价格上涨节奏，同时增加持股数量。我们的增持动作与庄家的强势控盘一致。在庄家拉升股价的过程中，交易机会就已经形成，增加持仓能够扩大我们的收益空间。

# 三、连续大单大涨拉升

当庄家对个股有很强的信心时，庄家会主动采取行动，利用大单买入的形式拉升股价。从资金流入来看，超大单资金流入达到最大，使我们看到股价甚至会出现涨停走势。利用连续大单大涨拉升盘中庄家操盘，是比较有效的方式。特别是在股价走强前，我们可以在这个时候获取筹码。

## （一）连续大单资金流入信号解读

连续大单流入以后，我们能够看到庄家的操盘方向。资金流入规模最大，庄家操盘期间价格活跃度提升。从持仓成本看，股价不会跌破庄家的持仓价位。随着大单资金净流入的增加，确认庄家的成本就容易多了。我们认为一段时间里的买入价位如果与庄家的成本价相近或者更低，那么我们有能力获得比庄家更多的收益。

形态特征如下：

（1）资金连续三次净流入：资金连续三次净流入，表明庄家建仓意图明确。特别是资金流入以后，在流出资金以小单为主的情况下，表明庄家建仓期间大单抛售已经很少出现，体现了价格达到多数投资者的目标价下方，是比较有效的买点信号。

（2）价格强势震荡：价格在低位震荡，不过由于庄家建仓意图明确，对价格回调起到了抑制效果。股价虽然下跌，但是累计回调空间不大，这是庄家控盘效果得到体现的信号。

（3）低位买点出现：从买点来看，庄家大单抢筹后的价格回调提供了介入的机会。因为价格回调便跌破庄家的建仓成本价。而庄家不会任由股价一味下跌，在股价回调期间主动护盘的时候，股价自然会触底回升。

双汇发展日 K 线图如图 3-5 所示。

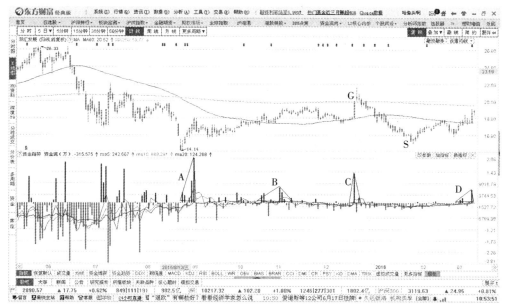

图 3-5 双汇发展日 K 线图

操作要领如下：

（1）从资金连续三次净流入来看：我们看到图中 A 位置的资金明显流入，而流出资金规模显著减小，这是庄家净买入股票的信号。同时我们能够在 B 位置和 C 位置看到这种资金流入的情况。可以说，该股庄家资金连续流入，推动股价进入底部运行阶段。

（2）从价格强势震荡来看：股价虽然频繁震荡，但是价格已经不会出现明显回调。图中 C 位置的大单资金流入以后，股价在 G 位置见顶。价格缓慢调整到 S 位置的低点，就已经是底部了。

（3）从低位买点出现来看：我们看到庄家大单资金流入以后，价格出现了强势表现。虽然股价在 G 位置涨停，但我们确认股价跌幅不会太大。实际上，S 位置的价格低点并未跌破 A 位置的大单流入对应的价格。可见，庄家低位买点已经是不错的建仓价位。

**总结：**庄家超大单流入以后，短线流出资金很少，这是庄家建仓后价格能够企稳的信号。在很长一段时间里，庄家连续买入的价位是理想的买点位置。我们把握好这样的时机，便能够在价格企稳的过程中盈利。

### （二）大单流入的买点信号

随着庄家大单资金流入次数增多，股价在摆脱弱势格局。以庄家为首的资金主力大量买入股票，使得散户的资金出逃规模相比来讲处于低位，这为价格上涨提供了机会。在庄家大单建仓阶段，股价距离告别底部区域仅一步之遥。如果我们在局部行情中操作股票，那么把握住庄家的成本价很重要，这是我们获得收益的关键价位。

形态特征如下：

（1）股价震荡企稳在庄家最低建仓价位：庄家建仓资金达到最大的时候，资金流入速度过快，使得抛售压力增加，价格进入短期回调状态。但是股价不会跌破庄家最低建仓成本价，这是庄家需要守住的最低价位，那么交易机会就在价格回调期间，我们可以有机会在距离庄家最低建仓价位买进股票，这样盈利就容易多了。

（2）庄家大单建仓策略延续：庄家用大单买入的形式建仓，这对股价企稳非常重要。实际上，庄家建仓过程不是一蹴而就的，多次连续建仓买入是比较常见的做法。我们根据大单流入不断确认庄家操盘，自然在这个时候买入股票就安全多了。

（3）买点得到检验：在价格从低位反弹的过程中，买点很多。在股价达到庄家最高建仓成本价前，我们有机会在低位采取行动。

双汇发展日 K 线图如图 3-6 所示。

操作要领如下：

（1）从股价震荡企稳在庄家最低建仓价位来看：价格在 G 位置涨停以后，股价震荡回调至 S 位置的低点。S 位置是庄家最低的建仓成本价位。我们认为这是比较好的介入点。

（2）从庄家大单建仓策略延续来看：即便股价从 G 位置的高点下跌至 S 位置的低点，庄家建仓依然没有结束。图中 D 位置资金又一次净流入，提示我们庄家继续介入，我们可以在 M1 位置确认买点。类似的买点在 M2 位置也曾出现。

（3）从买点得到检验来看：股价反弹期间，价格反弹高度已经超过 G 位置，表明我们根据庄家建仓买入股票能够获得较好的效果。

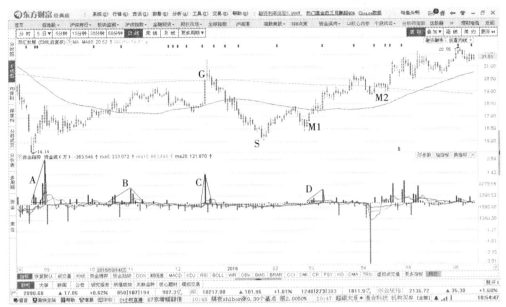

**图 3-6　双汇发展日 K 线图**

　　**总结：**实战当中，股价低位运行期间，庄家建仓热情高涨。即便在价格并未企稳的情况下，庄家也会介入。庄家介入以后，价格走势平稳，相应的买点机会增加。我们根据庄家频繁建仓的成本价推算到买点机会，不仅买入股票的成本价相对低廉，今后的盈利概率也大幅提升。


# 四、超大单当日流出出货

　　超大单资金流出期间，庄家减少持股数量很大，这是回升趋势见顶的信号。如果我们确认超大单资金大量出逃，自然应该减少持股数量。超大单资金出逃规模越大，相应的股价见顶速度也就越快。随着庄家完成出货动作，我们能够看到股价在回升期间很快见顶。

## （一）超大单资金流出信号解读

　　在超大单资金出逃的时候，我们能够看到资金出逃规模达到价格上涨以来最大。当日出逃资金数量不断增加，使得股价上涨期间遇到了强阻力。这个时候，技术性的反转形态出现以后，资金以连续出逃的形式出现，更加验证了我们对庄家出货的判断。

形态特征如下：

（1）出逃资金超过最大资金流入：在一个交易日内资金出逃超过资金流入的情况下，我们认为是价格即将见顶的信号。出逃资金增加，意味着股价上涨动力减弱，庄家出货后股价自然会出现见顶信号。

（2）资金出逃再创新高：资金出逃规模再创新高的时候，我们能够看到股价已经出现滞涨的情况，表明价格距离下跌已经非常近。

（3）价格走弱期间资金连续出逃：当资金连续流出以后，股价出现走弱信号，这是我们判断价格见顶的卖点时机。

勤上光电日 K 线图如图 3-7 所示。

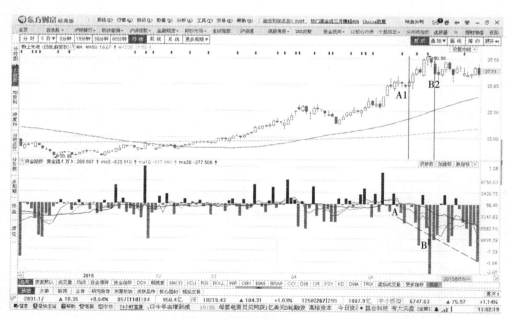

图 3-7　勤上光电日 K 线图

操作要领如下：

（1）从出逃资金超过最大资金流入来看：图中 A 位置对应的资金出逃规模增加，B 位置资金出逃明显高于前期资金流入量，是股价见顶的信号。

（2）从资金出逃再创新高来看：B 位置的资金出逃量超过一个交易日 2 亿，表明该股已经明显见顶。

（3）从价格走弱期间资金连续出逃来看：在 B2 位置的资金集中出逃以后，接下来该股多个交易日连续出现资金流出的情况，表明最后的卖点机会已经出现。

**总结：**当我们判断资金流出超过资金流入时，可以采取减仓措施。资金流出规模累计较大的时候，表明庄家已经在出逃，我们早一些减仓能够避免利润缩水。

## （二）超大单资金流出的卖点信号

在实战中，我们卖掉股票的时机并非庄家连续出货的时期。当我们判断资金出逃量达到新高，并且股价出现滞涨的情况时，就可以减少持股了。随着资金累计出逃数量的增加，我们会看到股价已经上涨乏力了。如果我们继续持股，只能在股价下跌期间出现损失。确认庄家出逃便开始减少持股，可以主动适应价格见顶过程。

形态特征如下：

（1）资金出现连续流出：当资金连续流出以后，我们看到股价已经开始反转。价格在高位见顶，并且反弹期间不再创出新高。

（2）股价弱势下跌：价格在资金出逃期间大量流出，流入资金量非常有限，使得股价进入下跌状态。

（3）庄家出逃后股价单边下挫：当资金出逃数量显著增加以后，股价出现单边下跌走势。价格下跌速度很快，短时间内回吐大部分涨幅。

勤上光电日 K 线图如图 3-8 所示。

操作要领如下：

（1）从资金出现连续流出来看：我们看到资金大量流出从 A 位置开始。图中 B 位置的是，资金出现连续流出，而 C 位置的资金连续流入交易日多达 8 个，表明庄家已经不惜一切在卖掉股票。

（2）从股价弱势下跌来看：股价在 B 位置资金出逃最大的交易日见顶。图中 B2 位置对应的股价已经出现了 3 连阴线，表明黑三兵提示的顶部已经到来。

（3）从庄家出逃后股价单边下挫来看：从 B2 位置到 M 位置，股价走势较弱，该股并未在这段时间里出现任何涨幅，说明庄家出逃以后的顶部形态完成。接下来，该股从 M 位置加速下跌，期间没有任何有效的高抛卖点出现。

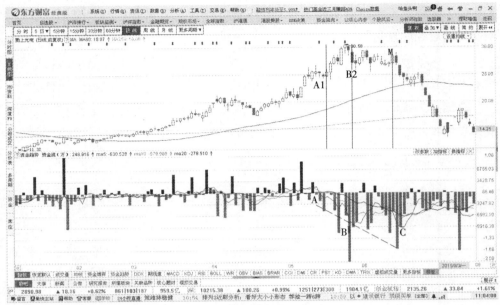

**图 3-8    勤上光电日 K 线图**

**总结：** 在庄家大单出货期间，随着资金出逃规模增加，股价越来越接近顶部。当股价已经横向运行的时候，我们看到 M 位置的卖点是最后的出逃机会。在这之前，我们依然有很多的高抛交易时机可以把握。

# 五、超大单线长期控盘操盘

在超大单资金长期控盘的情况下，庄家操盘盈利不限于短期的局部行情，庄家会在较长时间里介入，使得股价终究按照庄家的意愿运行。这个时候，我们可以通过超大单资金流入来判断庄家持仓成本，并且据此判断我们买入股票时需要关注的成本。

## （一）脉冲大单资金流入信号解读

脉冲大单资金流入期间，我们能够看到股价出现了强势运行的特征。虽然资金流出缩量庞大，但是股价上涨需要看庄家的脸色。如果庄家并无拉升股价的真实意图，在脉冲大单资金买入结束以后，价格进入蛰伏阶段。股价在蛰伏阶段走势较弱，买点也很容易形成。

形态特征如下：

（1）脉冲大单资金频繁流入：脉冲大单资金频繁流入期间，我们能够看到股价处于高位运行。即便如果，对于庄家大笔资金建仓的动作，我们依然非常乐观。

（2）股价跌破脉冲大单流入的最低价：股价跌破了脉冲大单流入的最低价位，表明庄家买入股票以后被套牢。

（3）价格走势企稳：当股价跌破庄家的成本价以后，价格走势稳定，这是庄家护盘的结果。从大单流入我们就能够看到庄家护盘的动作。

金洲管道日 K 线图如图 3-9 所示。

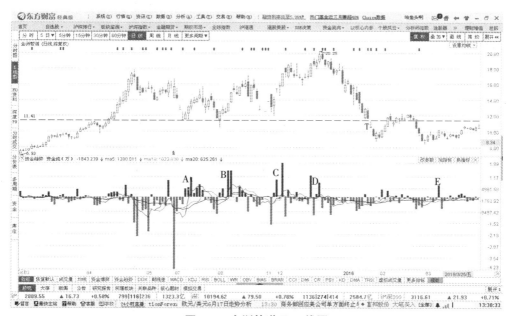

**图 3-9　金洲管道日 K 线图**

操作要领如下：

（1）从脉冲大单资金频繁流入来看：图中 A、B、C、D 四个位置的脉冲大单集中流入，这是庄家集中建仓的信号。在庄家建仓期间，我们认为庄家的成本价已经在 12 元以上。

（2）从股价跌破脉冲大单流入的最低价来看：股价在图中 T 位置跌破 12 元，

表明股价跌破了庄家的成本价。这种庄家被套牢的行情，并非是庄家愿意看到的情况。股价跌破庄家的建仓成本价，表明我们的机会已经出现。

（3）从价格走势企稳来看：图中 E 位置大单继续流入，表明庄家正在护盘。由于股价跌破庄家成本价后资金流出并不大，使得我们相信这便是价格弱势表现的买点机会。

**总结：**在我们确认了庄家以脉冲大单形式建仓以后，我们可以等待低价买入的机会出现。在行情逆转的时候，该股显然已经跌破庄家的成本价，这为我们提供了低位建仓的机会。

## （二）大单流入的买点信号

在庄家的成本价下方，我们会看到股价出现了明显的弱势表现。但是这种弱势并不会延续下来，因为庄家始终在操盘当中。一旦时机成熟，股价可以轻松回升至庄家的成本价上方。到那个时候，我们在低于庄家的成本价买入的股票已经盈利。

形态特征如下：

（1）庄家以脉冲大单护盘：股价跌破 12 元的最低成本价以后，庄家并未放弃控盘，而是在价格低位继续以大单资金买入的形式护盘，使得股价走势稳定下来。

（2）股价弱势反弹：当价格弱势反弹以后，我们看到股价以小幅回升的方式震荡走强。股价短时间内涨幅有限，这与庄家缓慢控盘有关。

（3）买点出现在 12 元以下：在庄家的成本价 12 元以下，都是我们能够把握住的买点时机。我们在 12 元以下建仓，可以有能够与庄家相比较的成本优势，自然能够在价格回升期间盈利。

金洲管道日 K 线图如图 3-10 所示。

操作要领如下：

（1）从庄家以脉冲大单护盘来看：价格跌破 12 元的庄家成本价以后，我们看到 E 位置的脉冲大单资金流入明显，这是庄家主动护盘的信号。

（2）从股价弱势反弹来看：价格在 12 元以下走势较弱，股价以弱势反弹的形式回升。期间资金流入稳定，价格走势相对稳健。

（3）从买点出现在 12 元以下来看：股价低于 12 元的时候，M 位置和 M1 位

**图 3-10　金洲管道日 K 线图**

置的买点不容忽视。我们能够在 M 位置和 M1 位置建仓，那么持仓成本已经真正低于庄家的成本价。

**总结：**当我们建仓以后，我们的成本价低于 10 元，而股价后期飘升在 G 位置超过 15 元，我们盈利可高达 50%。

# 第四章　筹码形态揭示庄家成本

筹码形态最能够体现庄家的成本转移过程，特别是主峰筹码的变化，体现了庄家持仓的转变方向，提示我们价格面临的抛售压力或者支持强弱。通常，主峰筹码是重要的持仓成本价位，散户投资者的多数筹码集中在主峰筹码位置。庄家主力的持仓成本虽然也在主峰筹码位置分布，实际上庄家的持仓成本更低，多数筹码分布在低价位的筹码峰位置。在庄家的低位筹码完全转移到价格高位前，我们需要做好持仓盈利的交易准备。

## 一、超级主峰筹码

在超级筹码主峰形态出现以前，股价会经历漫长的调整中枢。值得关注的是，调整形态不仅出现时间比较长，而且波动空间并不大，这是庄家稳健控盘的结果。从筹码形态来看，股价调整期间筹码主峰逐步形成。筹码主峰对应的价格区间正是股价的小幅波动区间。低位筹码是主力的持仓成本，我们能够看到低位筹码向高位转移的过程中，主力投资者的持仓成本提升，但是总体持仓价格较低，这有助于股价出现超级主峰筹码以后加速上涨。

### （一）超级主峰筹码形态解读

在超级筹码主峰形态出现以后，我们可以得到结论，投资者的持仓成本已经非常集中。持股投资者的总体持仓成本位于筹码主峰，是价格长期调整期间的波动区间高位。庄家低位筹码依然明显存在，但是规模看起来不大。这是因为，新进入的资金大户筹码位于筹码主峰附近，这样庄家的筹码规模相对减小。即便如此，庄家的筹码也是不可忽视的。考虑到庄家稳定的筹码分布形态，股价可以在接下来的时间里放量脱离筹码主峰。

形态特征如下：

（1）股价经历6个月调整：当股价经历6个月横盘调整的时候，我们认为股价已经调整到位。这个时候，是价格脱离调整形态的机会。

（2）浮筹指标单边回升到90以上：浮筹指标单边回升到90以上，表明当前价位的筹码主峰规模不断扩大，直到单一筹码峰形态出现。

（3）量能达100日等价线上方：在价格调整期间成交量并不算大，但是却可以勉强达到100日等量线。而我们说100日等量线是衡量量能放大的重要指标，既然量能没有显著萎缩，这也可以视为庄家操盘的证据。

（4）筹码主峰出现：筹码主峰完成以后，价格投资者买卖股票促使持仓成本集中度高企，这个时候是庄家拉升最容易成功的时候。只要庄家做多意图明显，通常就可以拉升股价远离筹码主峰的压力位。而一旦价格脱离筹码主峰，股价将轻松实现翻倍涨幅。

南京中北日K线图如图4-1所示。

**图4-1 南京中北日K线图**

操作要领如下：

（1）从股价经历6个月调整来看：股价在半年前强势回升以后，该股经历了长达6个月的横盘运行状态，价格走势很强，股价处于10%以内的狭窄区间运行。

（2）从浮筹指标单边回升到90以上来看：图中显示的ASR指标回升趋势明确，在6个月时间里ASR指标没有出现明显回调，这说明筹码主峰规模不断增加，使得浮筹规模异常庞大。

（3）从量能达100日等价线上方来看：量能在股价调整期间并不大，但是可以频繁达到100日等量线上方，这说明该股活跃度很高。图中C位置的量能与100日等量线持平，表明该股已经开始走强，并且试图脱离筹码主峰。

（4）从筹码主峰出现来看：图中P位置的筹码主峰规模达到集中度很高的程度，而这个时候股价放量调整到位，正是庄家采取拉升措施的有利时机。

**总结：** 价格以放量形式达到G位置的均线上方，同时也是接近突破P位置的筹码主峰。这个时候庄家操盘起到很大作用。在筹码集中分布的情况下，股价具备进一步走强的基础。考虑到该股调整时间较长，P1位置的庄家筹码稳定，这是股价继续上涨的基础。

## （二）超级主峰筹码的买点信息

超级筹码主峰形态完成以后，我们看到股价比较典型的买点机会出现在价格放量突破的那一刻。从买点成本看，价格突破之时成本已经提高，比较关键的买点出现在量能稳定以后，我们可以通过筹码峰形成与量能放大确认最佳买点。

形态特征如下：

（1）量能突破100日等量线：量能达100日等量线上方，说明成交量放大有效，这是推动价格上涨的关键因素。我们看到成交量回升，到100日等量线上方，庄家开始强势操盘是量能放大的主要原因。

（2）浮筹指标ASR杀跌：浮筹指标ASR开始杀跌，表明价格已经远离高浮筹的价格。特别是在股价加速上涨期间，股价脱离高浮筹的价格区域，一定是持股投资者快速盈利的时刻，同时也是筹码转移的追涨买点。

（3）价格穿越筹码主峰：当股价有效穿越筹码主峰以后，持股投资者中，即便是高位追涨的散户也是盈利状态。我们说这是庄家洗盘结束的信号，同时也是庄家主动拉升的结果。

南京中北日 K 线图如图 4-2 所示。

**图 4-2　南京中北日 K 线图**

操作要领如下：

（1）从量能突破 100 日等量线来看：图中 F 位置的量能较大，是股价进入 6 个月的调整阶段，以后难得一见的放量信号。如此高的量能出现以后，股价已经进入非常活跃的状态，量能回升提示我们 M 位置的买点已经出现。

（2）从浮筹指标 ASR 杀跌来看：浮筹指标在股价放量走强之时快速回调，图中 ASR 回调至 D 位置的低点，这是股价脱离高浮筹区域的信号。高浮筹区域是超级主峰筹码区，是比较典型的压力位。观察前期 ASR 指标，我们看到浮筹指标稳步回升，难得一见的浮筹指标快速回调，提示我们庄家加速拉升股价的最后买点出现了。

（3）从价格穿越筹码主峰来看：股价涨幅达到 M 位置高位，从筹码形态来看，P2 位置的筹码是新发散后的筹码形态，这是筹码加速转移的信号。

**总结：** 通常，在筹码主峰向高位转移筹码的那一刻起，庄家拉升股价就已经开始了。随着筹码转移规模的增加，价格上行趋势得以确认。M 位置的买点虽然不会调整形态中的低位买点，却也是非常典型的抄底价位，我们确保获得筹码以后，能够在价格上涨的过程中盈利。

# 二、低位主力筹码峰

低位主峰筹码的出现，通常都是股价放量运行后开始的。主力投资者在价格处于低位的时候抄底买入股票，使得筹码转移速度加快，更多的筹码转移至低位主峰筹码区域。我们可以利用主峰筹码出现的机会确认买点时机，以便在持股后获得收益。低位主峰筹码出现的价位较低，一旦得到确认，我们买入股票的成本优势就可以体现出来。

## （一）低位主力筹码峰形态解读

低位主力投资者的持仓成本集中度很高，因为庄家急于在价格低位抢筹，因此筹码主峰就出现在价格低位。在庄家抢筹阶段，价格活跃度快速提升，散户投资者也加入到建仓阵营。相比较下跌趋势中，股价从低位反弹期间，套牢筹码被庄家和部分散户投资者接收，筹码主峰形态规模膨胀，表明价格将在筹码主峰位置获得强支撑。

形态特征如下：

（1）高浮筹状态持续 1 年：通常，价格处于筹码密集分布区域的时候，ASR指标处于高位。这种高浮筹的情况持续时间越长，为我们价格调整提供的时间也就越长。高浮筹状态下，通常是价格加速的起始状态，是庄家拉升股价脱离高浮筹区域的前夜。

（2）主峰筹码规模异常庞大：主峰筹码规模庞大，意味着投资者的整体持仓集中度很高，这是股价能够获得支撑的筹码形态。如果筹码主峰规模维持高位，我们说低位放量期间庄家已经吸筹完毕，只等合适的机会拉升股价。

（3）量能进入放大趋势：缩量与放量，我们能够真实地判断。特别是庄家建仓的时候，量能超过前期价格低位的成交量，这是有目共睹的。随着成交量维持放量涨停，等量线开始回升，成交量放大趋势可以得到确认。

惠泉啤酒日 K 线图如图 4-3 所示。

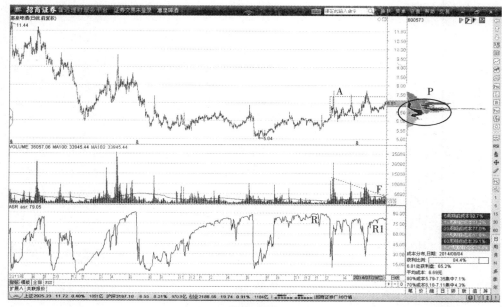

图 4-3　惠泉啤酒日 K 线图

操作要领如下：

（1）从高浮筹状态持续 1 年来看：早在 R 位置，浮筹指标已经处于高位，在股价反弹震荡期间，从 R 位置到 R1 位置浮筹依然较高，这是价格还未脱离筹码峰的信号。

（2）从主峰筹码规模异常庞大来看：P 位置的筹码主峰形态已经出现，这个时候，价格处于筹码主峰附近，这是庄家必须要拉升突破的压力位。

（3）从量能进入放大趋势来看：量能在萎缩至 F 位置以后，我们说这是放量之后的缩量，量能并未萎缩至 100 日等量线下方，表明该股活跃度维持高位。

**总结**：图中 A 位置的价格波动强度较大，表明庄家已经在这个位置放量拉升股价，筹码主峰形态出现，这是庄家建仓的结果。我们说庄家已经持股到位，就等待价格调整到位的时候拉升股价。

## （二）超级主力筹码的买点信息

超级主峰筹码形态出现之时，股价调整到短线高位，这是庄家建仓后价格即将突破的信号。如果说股价达到筹码峰上限，我们并不奇怪，因为筹码主峰位置庄家大量买入股票，价格活跃度提升，表明庄家操盘力度加大。

形态特征如下：

（1）量能显著放大到等价线上方：成交量显著放大，如果量能明显高于100日等量线，我们说股价有走强的希望。特别是成交量达100日等量线一倍以上的时候，价格很容易突破短线高位。

（2）MACD指标达短线高位：MACD指标的DIF线回升至短线高位，说明均线方面已经企稳，均线向上发散的趋势再次得到确认，股价短线可以继续走强。

（3）股价达筹码峰上限：价格达筹码峰上限，这是多数投资者盈利的体现。庄家乐于看到这种结果，因为推动价格上涨符合庄家的意图，当然更符合散户投资者的持仓意愿。

惠泉啤酒日K线图如图4-4所示。

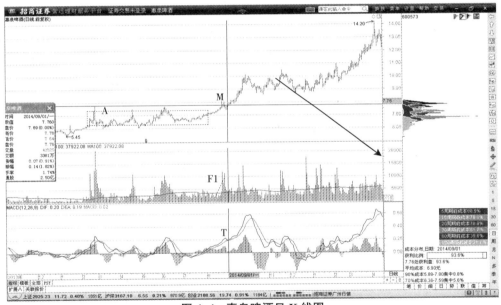

**图4-4　惠泉啤酒日K线图**

操作要领如下：

（1）从量能显著放大到等价线上方来看：图中F1位置的成交量放大值得我们关注，这是该股反弹以后出现的二次放量。特别是筹码峰出现以后，这种放量意味着庄家开始主动操盘，价格脱离筹码峰的趋势已经开始出现。

（2）从MACD指标达短线高位来看：MACD指标的DIF线在T位置达短线高位，表明均线方面向上发散了。我们知道均线发散是支撑股价上行的重要条件。

该股均线发散意味着股价获得了强有力的支撑。

（3）从股价达筹码峰上限来看：我们看到量能放大期间，价格已经处于筹码峰上限。图中 M 位置的价格走强到筹码峰以上，提醒我们股价已经展开反攻。

**总结：** 从买点机会来看，价格有效放大到 100 日等价线的时候，庄家已经得到确认。股价正在远离筹码主峰，我们认为量能、指标和价格走势都很好地配合股价上行，庄家操盘过程中，M 位置的买点是个不错的追涨机会。

# 三、高位套牢主力筹码峰

在价格冲高回落期间，股价下跌一定会套牢一部分筹码，而如果被套牢的是主力投资者的筹码，那么庄家操盘便是成功的。在价格高位，庄家手中筹码转移到一部分资金主力手中，承担接盘"任务"的投资者被高位套牢，表明庄家出货以后能够拉升股价的力量消失，价格下跌趋势还会得到延续。

## （一）高位套牢主力筹码形态解读

持股的投资者中，除了操盘价格的庄家外，还有一部分是资金量雄厚的主力。这部分主力对价格操控能力不强，却也能够影响价格走势。在庄家完成出货动作以后，我们能够看到一部分资金量大的投资者依然在价格高位买入股票。随着筹码峰被快速跌破，追涨投资者被快速套牢，价格下跌趋势得以确认。

形态特征如下：

（1）天量顶形成：天量量能出现在价格高位，表明筹码换手规模很大，价格已经进入顶部区域。这个时候，我们能够发现筹码转换到高位区域，股价已经临近下跌趋势。

（2）高位筹码峰被套牢：高位筹码峰被套牢以后，价格下跌趋势得以确认。考虑到庄家出货数量较大，高位套牢筹码规模达到有史以来最高，这是股价单边下跌的重要推动因素。

（3）MACD 指标背离回落：当 MACD 指标已经出现背离形态，价格见顶信号得以确认。我们说背离是价格短线走势较弱的信号。特别是在 MACD 指标的 DIF

线背离后形成死叉的情况下，股价顶部得以确认。

海螺水泥日 K 线图如图 4-5 所示。

图 4-5 海螺水泥日 K 线图

操作要领如下：

（1）从天量顶形成来看：图中 F 位置的量能达到天量，天量以后成交量明显处于放大状态，但是股价在 G 位置的涨幅非常有限，可见价格高位区的筹码换手规模已经很大。

（2）从高位筹码峰被套牢来看：在大量筹码换手到高位以后，我们看到股价冲高回落，很快套牢了图中 P 位置的筹码主峰。这个时候，追涨的多数投资者已经亏损，股价已经明显处于显著看跌状态。

（3）从 MACD 指标背离回落来看：MACD 指标的 DIF 线在 S 位置明显低于 S1 位置，表明该指标与股价强势形成背离，意味着天量顶部已经得到确认。特别是 DIF 线在 S 位置跌破 DEA 线，确认了指标的死叉形态，表明股价已经开始高位反转。

**总结**：在量能达到天量以后，我们说这种情况下的筹码换手效率很高。庄家在高位出货期间，这种筹码快速转移到散户手中的结果。多数接盘的投资者会发现，没有庄家操盘的股价很快跌破筹码主峰，追涨者最终还是被套牢，这是价格反转后得到检验的事实。

## （二）高位套牢主力筹码的卖点信息

高位主力筹码一旦被套牢，表明庄家已经出货完毕，被套牢的主力是高位追涨的资金量相对较小的投资者。他们虽然相对散户有资金优势，却不能左右价格。随着套牢筹码规模增加，高位持股的投资者悉数被套以后，价格即便出现反弹，也不会结束下跌趋势。在股价缩量下跌的过程中，交易机会出现在股价反弹至筹码峰下限的时刻。高位套牢的筹码峰下限是比较典型的压力区，是我们减少持股的重要机会。

形态特征如下：

（1）成交量单边萎缩：量能单边萎缩期间，我们会发现股价出现了震荡回落的情况。从实际的量价表现来看，股价按照缩量运行态势下跌，跌破筹码峰并且进一步下跌只是时间问题。

（2）MACD指标的DIF线跌破0轴线：当MACD指标的DIF线跌破0轴线以后，我们说均线方面反映出向下回落的态势。MACD指标的DIF线不会反弹到0轴线上方，说明均线下跌趋势不会结束，卖点将出现在技术性反弹阶段。

（3）股价反弹至筹码峰下限：价格高位筹码峰被跌破以后，股价进一步下跌前，如果反弹走势达到筹码峰下限，我们认为也是比较好的卖点机会。至少股价还未远离高位筹码峰，这个时候我们可以确保在价格继续下跌前卖掉股票。

海螺水泥日K线图如图4-6所示。

操作要领如下：

（1）从成交量单边萎缩来看：在量能萎缩期间，我们看到成交量在W位置明显低于100日等量线，表明股价短期不会有强势波动。在缩量状态下，我们最后的卖点机会出现在图中M位置。

（2）从MACD指标的DIF线跌破0轴线来看：DIF线跌破0轴线以后，指标线短线反弹至G位置的0轴线下方，这种技术性反弹的表现，说明均线方面的表现已经达到下跌趋势中最强势状况，短线高抛机会出现。

（3）从股价反弹至筹码峰下限来看：量能萎缩期间，我们看到股价反弹到M位置，显然是前期P位置筹码峰的下限。价格起始下跌阶段，P位置筹码峰下限

**图 4-6　海螺水泥日 K 线图**

被跌破的过程中，股价再次反弹至此，我们视为减仓机会。

　　**总结：**实际上，P1 位置的筹码规模更大，这是股价探底回升的过程中出现的筹码主峰。这部分筹码主峰是少数散户抄底的结果，实则不改变下跌趋势。可见，我们在 M 位置减少持股以后，价格从 21 元下跌至 14 元以下，跌幅已达 33%。

# 四、发散拉升筹码峰

　　当庄家吸筹完毕以后，筹码形态上体现为主峰筹码，这是股价继续回升的重要信号。由于筹码峰规模很大，庄家持仓成本非常集中，接下来便是庄家拉升股价后筹码转移的过程。价格涨幅不断扩大，我们会发现庄家在价格高位兑现收益，同时将筹码转移至散户手中，达到拉升股价盈利的目的。

## （一）发散拉升筹码峰形态解读

主峰筹码规模不断膨胀的时候，我们会发现筹码主峰位置成为庄家的重要持仓价位。该价格区间是庄家的持仓成本区，提供了非常强的支撑。股价上涨期间，必须要突破筹码主峰的压力位，才可能延续回升趋势。确保在主峰筹码被突破前持股，我们可以与庄家同步盈利。

形态特征如下：

（1）量能始终处于放大状态：当成交量维持放大状态的时候，即便短线出现缩量，也不会改变价格回升趋势。从交易机会来看，比较典型的买点就出现在股价放量上涨阶段。

（2）浮筹指标高位回调：浮筹指标 ASR 从高位回调的时候，我们能够发现买点机会。价格脱离浮筹指标的效率越高，买点越清晰可见。我们能够看到浮筹回调后价格远离筹码峰的买点出现。

（3）价格达筹码峰上限：当股价回升至筹码峰上限以后，庄家已经在价格回升期间盈利。从盈利潜力看，价格刚刚突破筹码主峰，庄家拉升股价的决心还比较大，股价上涨趋势可以继续加强。

新安股份日 K 线图如图 4-7 所示。

**图 4-7　新安股份日 K 线图**

操作要领如下：

（1）从量能始终处于放大状态来看：价格回升期间，成交量很容易达到 100 日等量线的 2 倍以上。而随着量能稳定放大，图中 F 位置量能单边回升，推动价格上涨更加明显。我们说稳定的量能是价格走强的基础。特别是图中 F 位置的量能出现的时候，价格回升稳定。

（2）从浮筹指标高位回调来看：浮筹 ASR 单边回升到 G 位置的高点以后，量能推动价格继续脱离筹码峰，浮筹指标很快回调至 H 位置，我们认为这是价格走强的一种体现，表明股价脱离高浮筹区域，上涨趋势加强。

（3）从价格达筹码峰上限来看：虽然股价正在脱离高浮筹区域，但是图中股价达到 P 位置筹码峰上限，还未远离筹码峰。这表明，该股刚刚进入单边回升态势，股价上涨潜力还会很大。

**总结：**庄家在放量阶段大量建仓以后，价格脱离筹码主峰，这是庄家在继续拉升股价的信号。既然庄家在低位买进，对股价涨幅绝不仅限于价格达到筹码峰上限。只有股价继续远离筹码主峰，庄家才能更好地盈利。因此这个阶段，依然是买入该股的机会。

## （二）发散拉升筹码峰的买点信息

当我们确认股价达到筹码峰上限以后，庄家拉升动作开始。即便价格在短时间内出现调整，我们依然坚定地看好后市价格表现。在股价涨幅还未扩大的时候持有股票，这是盈利的前提。当然，需要关注的是，短线更低的买入机会。如果价格短线回调不跌破筹码峰下限，缩量调整以后价格还会展开反攻。在缩量调整期间，我们将价格回调到筹码峰下限时视为买点时机。

形态特征如下：

（1）股价短线缩量调整：成交量萎缩，这只是庄家控盘效率强的表现。因为庄家不会主动打压股价，只会在缩量状态下洗盘。短线抛售并不影响投资者持股，量能萎缩就说明了问题。缩量期间，价格回调出现难得的买点。

（2）ASR 指标再次达历史高位：当浮筹指标 ASR 二次回升的时候，是价格回踩筹码主峰的信号。股价回踩筹码主峰，表明庄家利用短线洗盘为价格上涨创造更大空间。这个时候，低吸可以获得不错筹码。

（3）价格放量脱离筹码主峰：当股价放量脱离筹码主峰的时候，我们能看到庄家真实的操盘过程刚刚开始。有了短线价格回踩筹码主峰，股价将加速冲顶。

新安股份日 K 线图如图 4-8 所示。

图 4-8　新安股份日 K 线图

操作要领如下：

（1）从股价短线缩量调整来看：量能出现了明显的 V 字形特征，而股价也在这个时候反弹至 M 位置的高位，提示我们价格短线震荡后摆脱弱势格局。

（2）从 ASR 指标再次达历史高位来看：浮筹指标 ASR 短线探底 H 位置的低点以后，出现了技术性反弹走势。这表明价格虽然已经开始脱离筹码主峰，但是短线价格趋于调整。ASR 从 G1 位置的高位开始回调，表明价格依然有效突破筹码主峰。

（3）从价格放量脱离筹码主峰来看：图中 P1 位置的筹码主峰规模又一次膨胀，持股投资者的持仓成本更加集中，使得我们相信这是股价调整到位后的最后一次买点时机。

**总结**：庄家拉升股价前，价格双向波动总是不可避免，这个时候的多空争夺非常激烈，总体看是庄家洗盘过程中出现的情况，不过我们看到前期筹码已经向上发散，调整到位以后，筹码继续向上发散的买点机会依然出现。

# 五、发散出逃筹码峰

发散的筹码峰出现在股价见顶期间，这是庄家出货后的价格下跌趋势出现的信号。筹码主峰规模较大，在价格见顶以后，价格跌破筹码主峰，使得投资者的出逃成为推动价格下跌的因素。这期间筹码从高位向低价位转移，这是我们关注的反转期间的卖点信号。

## （一）发散出逃筹码峰形态解读

在筹码向下发散前，筹码主峰形态一定会出现。只有筹码全部转移到价格高位的时候，才证明庄家完成了出货动作。接下来，缩量状态下价格不断走低，筹码从高位向下转移。散户投资者在价格下跌期间少量买入股票，为价格高位套牢的投资者提供了出货时机。

形态特征如下：

（1）价格经历天量见顶走势：当股价经历了天量见顶的走势以后，我们会轻松确认股价顶部形态。之后，我们还能够在价格跌破筹码主峰期间确认筹码向下转移的减仓交易机会。

（2）缩量期间价格再次见顶：天量见顶只是股价见顶的一种形态，在量能萎缩的情况下股价二次见顶，证明下跌趋势即将来临。缩量状态下，筹码已经在天量见顶期间转移完毕。量能萎缩是价格进一步跌破筹码峰的起始形态。

（3）股价跌破筹码主峰：股价跌破筹码主峰，证明了高位调整形态并不能稳定价格，而筹码在股价调整期间转移规模更大，价格跌破筹码峰是庄家完全出货的信号。

神奇制药日 K 线图如图 4-9 所示。

操作要领如下：

（1）从价格经历天量见顶走势来看：图中 F 位置的量能为天量状态，天量量能期间股价在 G0 位置成功见顶，这是庄家最大规模的出货信号，表明筹码转移效率达到最大状态。

图 4-9　神奇制药日 K 线图

（2）从缩量期间价格再次见顶来看：庄家大量出逃以后，量能在 W 位置显著萎缩，我们认为这还是庄家出货后资金大户出逃完毕，价格即将跌破筹码峰的信号。

（3）从股价跌破筹码主峰来看：W 位置的量能萎缩以后，浮筹指标下跌至图中 R 位置低点，价格已经在跌破筹码峰，这是典型的下跌信号。

**总结：** 当股价二次回落的时候，我们认为股价跌破筹码主峰只是价格下跌的起始点位。随着量能萎缩，主峰筹码向低位转移，这是套牢投资者出逃的必然结果。在更大规模的筹码转移过程中，价格下跌趋势还会持续。

### （二）发散出逃筹码峰的卖点信息

在价格下跌的过程中，我们会看到股价跌破筹码峰的时间可长可短。如果股价短时间内瞬间跌破筹码峰，那么单边下跌趋势可能就已经出现。但是，多数情况下价格走势会是渐进式的，跌破筹码主峰以后，我们会看到价格反弹到筹码峰下限以上，短线的抛售机会还是会存在的。

形态特征如下：

（1）股价跌破筹码主峰：价格跌破筹码主峰以后，我们会看到股价跌破了多数投资者的持仓成本价，下跌趋势在这个时候得到确认。

（2）技术性反弹中股价涨幅有限：技术性反弹中，股价既然已经在筹码峰下方，那么在量能萎缩的前提下，股价不可能成功挑战筹码峰位置压力。更容易出现的情况是冲高回落走势，提示我们高抛交易机会。

（3）浮筹指标 ASR 弱势反弹：浮筹指标 ASR 短线反弹，指标反弹至短线高位的过程中，其实就是股价接近筹码峰的过程。指标反弹强度不大，反弹以后就会出现高抛交易机会。

神奇制药日 K 线图如图 4-10 所示。

图 4-10 神奇制药日 K 线图

操作要领如下：

（1）从股价跌破筹码主峰来看：股价在图中 D 位置快速下跌，最低价格已经跌破筹码峰，这是新一轮下跌开始的信号。筹码多数调整至价格高位，显然这是不寻常的下跌走势。

（2）从技术性反弹中股价涨幅有限来看：在技术性反弹走势中，股价短线涨幅较小。图中 M 位置是反弹能够达到的位置，这个位置距离筹码主峰上限还比较远，显然股价反弹强度还不是很高。

（3）从浮筹指标 ASR 弱势反弹来看：当浮筹指标短线反弹到 G 位置的高点

以后，我们看到价格短线已经接近筹码主峰。事实上，下跌趋势中，这种价格弱势反弹是少数投资者抄底的结果。下跌走势中，筹码向下转移才刚刚开始。这个时候，我们可以尽快地减少持股数量，以避免更大的亏损。

**总结**：毫无疑问，缩量状态下股价跌破筹码主峰，其实是跌破了追涨的散户投资者的持仓成本价。这个时候，在没有庄家参与的情况下，股价下跌不会就此结束。事实上，下跌趋势中筹码向下转移不可避免。这是因为，下跌期间总会有被套牢的投资者高位出逃，从而推动价格下跌走势。

# 六、控盘双峰筹码峰

在价格冲高回落以后，我们会看到股价回调至短线低位，筹码形态上表现为价格高位和价格低点的双筹码峰形态。双筹码峰形态中，高位筹码是追涨的套牢筹码，而低位筹码是庄家低吸的筹码。价格可以在低位筹码峰获得支撑后进入回升状态，回升期间，股价上涨可以达到高位套牢筹码峰的下限。

## （一）控盘双峰筹码峰形态解读

在庄家控盘的双筹码峰形态中，庄家高位买入的股票较少，多数是在价格回调后的低点建仓筹码。因此从持仓成本来看，庄家有一定的成本优势，这有助于庄家在接下来的时间里更好地操盘。如果庄家在低位拉升股价上涨，我们并不奇怪。庄家拉升股价突破低位筹码峰，这是操盘的必然结果。考虑到价格高位套牢筹码多数为散户，价格不会轻易达到高位筹码峰上方，典型的高抛机会出现在高位筹码峰下限。

形态特征如下：

（1）股价从高位缩量下跌：当股价从高位缩量下跌以后，我们会看到价格跌破高位筹码峰形态，这是价格高位追涨的投资者被套牢的信号。

（2）浮筹指标 ASR 宽幅震荡：在浮筹指标 ASR 宽幅震荡期间，股价在下跌期间继续探底，不过继续回调空间已经不大。ASR 宽幅震荡表明，股价已经处于高浮筹区域。这是因为价格低位筹码峰规模迅速膨胀，才使得 ASR 能够达到高位区间。

（3）筹码双峰出现：筹码双峰形态出现前，庄家在价格回调期间快速介入，使得底部筹码峰规模增加。在股价触底的过程中，高位套牢筹码峰和低位庄家持股的筹码峰同时存在。

山东如意日 K 线图如图 4-11 所示。

**图 4-11 山东如意日 K 线图**

操作要领如下：

（1）从股价从高位缩量下跌来看：我们看到价格从 G 位置的顶部下跌以后，价格已经回调至 D 位置的 12 元附近，波段行情跌幅为 40%。在这个时候，价格高位套牢筹码 P0 位置和低位庄家筹码 P 位置同时存在。

（2）从浮筹指标 ASR 宽幅震荡来看：虽然 ASR 指标从 R1 位置的高位回调，但是指标回调后波动空间增加，这是因为股价已经处于低位筹码峰附近运行。

（3）从筹码双峰出现来看：我们看到股价下跌期间速度很快，但是价格在低位小幅放量反弹，使得 P 位置的筹码峰规模快速增加。我们认为价格已经下跌到低位筹码峰的支撑区域。低位筹码峰是庄家操盘期间的建仓成本区，这样，股价从 P 位置筹码峰下限企稳的概率很高。

**总结**：当股价高位回落以后，我们看到的是价格高位 P0 位置的筹码被套牢，这是散户追涨后被套的筹码。而庄家已经在价格下跌以后低吸买入股票，使得底部筹码峰规模增加。这样，庄家有动力拉升股价脱离自己的成本区，同时高位套牢的散户投资者继续等待股价反弹，价格上涨有望出现。

### （二）控盘双峰筹码峰的买点信息

虽然股价跌破了高位筹码峰，但是在股价连续大跌以后，价格继续跌破低位筹码峰的概率已经很小。如果高位套牢筹码峰和低位筹码峰同时存在，我们认为是短线建仓的机会。特别是价格在低位筹码峰下限的情况下，抄底介入的庄家成本被跌破，持股有很强的安全垫。我们不妨在低位筹码峰下限买进股票，一旦确认股价走强并且突破低位筹码峰，那么我们盈利空间很容易达到高位筹码峰下限。

形态特征如下：

（1）浮筹指标达最低位：当股价下跌至低位筹码峰下限的时候，我们看到浮筹指标已经处于最低位，这是股价远离筹码峰的结果。不过从短线看来，价格继续远离低位筹码峰的概率很小。

（2）股价放量脱离低点：在量能放大的时候，股价轻松脱离筹码峰下限，这是庄家短线操盘的结果。庄家不会容忍股价跌破低位筹码峰，因为庄家操盘目标便是获得收益，价格放量反弹是庄家主动操盘的结果。

（3）价格涨幅达高位筹码峰下限：从涨幅看，庄家操盘股价涨幅可以达到高位筹码峰下限。由于高位筹码明显处于套牢状态，因此解套压力较大。股价涨幅达到高位筹码峰下限，却没有进一步上涨的动力。

山东如意日K线图如图4-12所示。

操作要领如下：

（1）从浮筹指标达最低位来看：在股价下跌至图中D位置的时候，我们看到ASR指标回调至最低点，表明价格脱离低位区的筹码峰，这是股价短线超跌的信号。考虑到低位庄家建仓，股价短线很难继续下跌。

（2）从股价放量脱离低点来看：图中F位置的量能开始放大以后，量能经历了明显的回升，促使股价脱离D位置的价格低点。

（3）从价格涨幅达高位筹码峰下限来看：价格放量脱离低位筹码峰以后，股价短线上涨得到确认。该股以放量形式快速反弹，价格已经达到G1位置的高位，这是高位筹码峰的下限位置。

**图 4-12　山东如意日 K 线图**

　　**总结：** 价格从低位筹码峰下限企稳，正如我们预期的那样，庄家开始放量拉升股价上涨。股价不仅达到低位筹码峰上限，而且继续回升到 G1 位置高位，这是庄家短线操盘的结果。可见，在双筹码峰形态中，我们并不担心价格跌破低位筹码峰。价格跌破低位筹码峰期间，我们考虑低价建仓，那么庄家拉升股价期间可以盈利。

# 第五章　量价揭示庄家介入

通常，我们看一只股票能够放量走强，量能放大是我们了解交易机会的前提条件。如果成交量持续有效放大，我们采取更积极的买入措施可以获得收益。100 日等量线可以用来衡量量能放大的效果，同样也可以用来衡量主力的操盘力度。如果成交量可以明显超过 100 日等量线，那么我们认为这是庄家已经介入的信号。散户资金量少，交易股票期间不容易推动量能放大到 100 日等量线以上。庄家控盘期间散户投资者积极参与股票买卖，使得量能明显放大到 100 日等量线以上，这是典型的价格进入活跃状态的信号。

## 一、100 日等量线的实战运用

成交量高达 100 日等量线以上，说明股票交投非常活跃，价格处于强势运行状态。我们可以用 100 日等量线来衡量价格活跃度，据此判断交易机会出现的时点。从资金操盘角度看，庄家主动拉升股价的时候，量能轻松回升至 100 日等量线上方。因此，成交量放大至 100 日等量线以上，也是我们确认庄家介入的信号。

### （一）100 日等量线与多空解读

在显著的放量中，量能可以高达 100 日等量线的 2 倍。而缩量期间，量能可以只有 100 日等量线对应量能的一半。那么在实战当中，我们可以通过成交量相对 100 日等量线的萎缩和放大判断价格走势，从而在量能显著放大至 100 日等量线的时候买入股票，在量能明显低于 100 日等量线的时候持币观望。

形态特征如下：

（1）量能萎缩后低于 100 日等量线的一半：在量能萎缩的情况下，我们会看到成交量如果还不足 100 日等量线的一半，表明价格活跃度很低，股价不可避免地会出现杀跌走势。

（2）放量之时超过 100 日等量线 2 倍：当量能明显超过 100 日等量线的时候，价格活跃度显著提升。如果量能高达 100 日等量线的 2 倍以上，股价可以在单边涨停的过程中加速冲高。

（3）价格波动强度很高：成交量相对于 100 日等量线的变化越大，价格震荡空间也会越高。那么实际上，100 日等量线成为我们确认交易机会的重要看点。

动力源日 K 线图如图 5-1 所示。

图 5-1　动力源日 K 线图

操作要领如下：

（1）从量能萎缩后低于 100 日等量线的一半来看：我们可以看到图中 C1 位置的成交量明显低于 100 日等量线，量能萎缩至还不足 100 日等量线一半，这期间股价加速杀跌。

（2）从放量之时超过 100 日等量线 2 倍来看：成交量分别在 C2 位置和 C3 位置有效放大，量能最高超过 100 日等量线 2 倍，股价在这个时候都出现了强势回升态势。

（3）从价格波动强度很高来看：缩量之时，股价从 E 位置下跌至 F 位置，跌幅为 50%。放量之时，股价从 A 位置回升至 B 位置，又从 H 位置飙升至 K 位置，涨幅分别为 100% 和 35%。

**总结**：量能分布对价格表现影响很大，通常我们持股时段量能应该放大至 100 日等量线，这样盈利概率才会比较大。当然，在量能显著萎缩至 100 日等量线下方的时候，典型的买点通常会出现在这个时候。

## （二）庄家操盘与 100 日等量线的量能表现

在庄家操盘期间，股价走势会非常稳健。特别是量能明显回升至 100 日等量线上方期间，价格表现抢眼。量能首次放大至 100 日等量线以上，正是庄家强势拉升股价的时刻。随着 10 日等量线不断回升，更高的量能还会达到 100 日等量线以上，推动价格再创新高。

形态特征如下：

（1）量能首次突破 100 日等量线：当成交量首次有效突破 100 日等量线时，我们认为庄家的操盘力度已经很大，价格进入稳步回升的状态。

（2）股价高位运行：当价格回升至短线高位以后，我们看到了股价累计涨幅较大。这个时候，量能继续放大可以推断股价再创新高。

（3）成交量和等量线同步回升：量能放大期间，100 日等量线已经开始回升。这个时候，更大的成交量才能够推动价格加速上涨。在股价回升趋势中，价格冲击顶部期间的量能和等量线是同步回升的状态。

顺络电子日 K 线图如图 5-2 所示。

操作要领如下：

（1）从量能首次突破 100 日等量线来看：成交量在 A 位置的区间内稳步放大，量能明显高于 100 日等量线，而这段时间股价也从 L 位置回升到 L1 位置，涨幅为 40%。

（2）从股价高位运行来看，当价格回升到 L1 位置的时候，我们认为价格继续上涨需要更高量能。

（3）从成交量和等量线同步回升来看：在 B 位置的这段时间里，成交量再创新高。虽然 100 日等量线已经回升，B 位置的量能足够大，使得成交量明显稳定在 100 日等量线上方。同期股价从 L1 位置飙升至 L2 位置，涨幅高达 80%。

图 5-2　顺络电子日 K 线图

**总结：**股价总是在更大的量能出现的时候再创新高，在该股的回升趋势中，庄家介入程度不断加深。量能在 A 位置已经较大，但是天量量能出现在 B 位置。可见，我们通过量能稳定在 100 日等量线就可以确认庄家操盘拉升股价，这个时候持股可以大幅盈利。

# 二、缩量至 100 日等量线下方的主力被动建仓

通常，在股价缩量下跌期间，我们认为 100 日等量线以下的放量都不算真实的放量。而量能低于 100 日等量线的时候，庄家买入股票的数量不多，是庄家在价格回调期间被动建仓的时刻。

## （一）缩量至 100 日等量线的量价表现

在量能萎缩期间，确认庄家介入并不容易。但是在量能萎缩的下跌趋势中，成交量经常会出现小幅放大的情况。但是量能并不能稳定在 100 日等量线以上，

这个时候的庄家操盘力度不高，是庄家被动建仓操盘方式来交易股票。

形态特征如下：

（1）100日等量线正在回调：在股价缩量下跌期间，由于量能萎缩，100日等量线处于回调趋势中。

（2）量能偶然放大至100日等量线：即便在100日等量线回调的情况下，量能达到100日等量线上方也非常困难。这个时候，我们能够看到成交量偶尔达到100日等量线上方。看到100日等量线下方庄家放量买入的动作。

（3）庄家正在被动吸筹：在量能小幅放大期间，量能并未稳定在100日等量线上方。这时候是庄家被动吸筹阶段。在被动吸筹的过程中，价格涨幅有限，赚有足够的时间买到量价筹码。

超声电子日K线图如图5-3所示。

图5-3　超声电子日K线图

操作要领如下：

（1）从100日等量线正在回调来看：在下跌趋势中，该股成交量始终处于萎缩状态。这个时候，100日等量线的回调始终没有结束。

（2）从量能偶然放大至100日等量线来看：图中A段和B段显示的量能虽然小幅放大，但是量能不能稳定在100日等量线上方。这表明，庄家建仓动作还不足以改变价格趋势。短期看，该股走势还比较弱势。

（3）从庄家正在被动吸筹来看：在图中 A 段和 B 段时间里，量能都比前期地量量能要高，表明庄家在这个时候吸筹。但是考虑股价处于下跌趋势，庄家在被动买入股票，短期看对价格走势影响不大。

**总结**：在庄家被动吸筹期间，RSI 指标在图中 D 位置跌破 50 线，量能也在 W 位置显著缩量，说明庄家的建仓动作幅度较小，对价格走势影响不大。特别是在量能不足的情况下，庄家只能完成建仓步骤，却不能改变价格运行趋势。

## （二）交易机会解读

庄家被动吸筹期间，成交量不能稳定在 100 日等量线上方，量能继续萎缩的时候，我们还会看到低价买点出现。这个时候，是比较好的介入机会。特别是在量能不断放大的过程中，成交量可以在某段时间里稳定在 100 日等量线上方。到那个时候，庄家加入程度加深，我们持股就可以获得收益。

形态特征如下：

（1）量能不断回升：股价低位运行期间，庄家买入股票的动作不会结束。这时候交易机会不断出现。我们可以在量能不断回升的时候买入股票，以便提升盈利空间。

（2）买点出现在缩量之时：总体成交量放大的过程中，总会偶然出现缩量的情况。量能萎缩之时，成交量还达不到 100 日等量线上方，这个时候对应的价格低点是不错的买点位置。

（3）量能推动价格走强：当成交量有效放大以后，我们会看到股价回升趋势不断得到确认，股价表现更强势。即便成交量萎缩，也不再低于 100 日等量线，这是典型的看涨信息。

超声电子日 K 线图如图 5-4 所示。

操作要领如下：

（1）从量能不断回升来看：我们从低量能来看，W 位置的量能低于 100 日等量线。随着量能回升，W1 位置和 W2 位置量能都低于 100 日等量线，但却是量能放大趋势。短线最低量能不断回升，表明价格活跃度提高。

（2）从买点出现在缩量之时来看：在 W1 位置量能相对 W 位置量能放大的时候，我们看到对应的 M 位置建仓机会出现。随着放量后量能在 W2 位置再次萎

**图 5-4　超声电子日 K 线图**

缩，相应的买点又一次形成。

（3）从量能推动价格走强来看：在量能回升推动下，我们看到股价短线表现强势。虽然量能还会出现萎缩，但是已经不再低至 100 日等量线以下。图中 RSI 指标在 D1 位置的 50 线获得支撑，意味着股价能够有更好的短线表现。

**总结：** 当成交量放大推动的价格上涨形成趋势以后，即便量能萎缩，成交量也不会低于 100 日等量线。我们说 100 日等量线用来衡量价格活跃度，量能维持在等量线以上，表明庄家操盘的持股机会已经出现。

# 三、放量至 100 日等量线上方的主力抢筹

在价格上涨期间，如果成交量放大至 100 日等量线以上，那么庄家操盘力度就很大了。这个时候，股价以超高以往的回升速度上涨，持股的投资者短期盈利空间很大。如果我们看到量能已经是 100 日等量线的 2~3 倍，毫无疑问股价表现会更加抢眼了。

## （一）放量至 100 日等量线的量价表现

当庄家操盘意愿不强的时候，或者说股价刚刚摆脱下跌趋势不久，这个时候量能并不会明显放大。成交量也能够达到 100 日等量线，但是持续时间不长。当量能开始萎缩的时候，我们可以等待成交量再次放大的时候持股盈利。

形态特征如下：

（1）量能显著回升至 100 日等量线以上：当股价进入放量回升状态以后，量能决定了股价的涨幅高度。如果成交量已经放大，并且勉强达到 100 日等量线，这个时候的盈利机会较多，但是股价还不会出现加速飙升的情况。

（2）股价缩量回调：经过一轮放量回升走势以后，价格出现了缩量回调的情况，这是庄家拉升股价后开始洗盘的动作。洗盘期间成交量显著低于 100 日等量线，低位买点得到确认。

（3）二次放量量能更高：二次放量以后，庄家介入程度更加广泛，使得股价能够以涨停形式加速上涨。这个时候的成交量不仅高于 100 日等量线，而且能够达到 100 日等量线的 2~3 倍，价格涨幅在这个时候被充分释放。

豫光金铅日 K 线图如图 5-5 所示。

图 5-5　豫光金铅日 K 线图

操作要领如下：

（1）从量能显著回升至 100 日等量线以上来看：在股价缓慢回升阶段，图中 A 位置的量能勉强维持在 100 日等量线上方，这个时候价格在 Z 位置的表现更强势，我们短期持股更容易盈利。

（2）从股价缩量回调来看：量能在经历了 A 位置的放量以后，成交量明显出现萎缩。在量能萎缩期间，我们能够看到股价跌幅较大。

（3）从二次放量量能更高来看：图中 D 位置的量能更高，这是庄家有效拉升股价的时间段。这段时间里，股价在 Z1 位置出现了一字涨停的情况。该股一字涨停以后累计涨幅超过 100%。

**总结：** 在量能显著突破 100 日等量线的时候，我们看到 RSI 指标的表现也很强势。图中 R1 位置的指标明显达到 80 以上超买状态，这不同于前期 R 位置的指标表现。庄家操盘力度的确很大，尤其是在量能显著突破 100 日等量线的时候。同时这段时间内我们的盈利机会也更大，短期持股更容易获利。

## （二）交易机会解读

当股价经历缩量回调的时候，我们可以通过量能变化判断低吸建仓的机会。特别是成交量第二次放大以后，量能回升期间一定会有缩量调整的买点出现。如果成交量已经稳定在 100 日等量线上方，我们认为，历次量能回调至 100 日等量线的时刻，都是股价低点买点时机。量能不会继续萎缩至 100 日等量线下方，相应的股价也会在回调后出现反弹走势。

形态特征如下：

（1）量能第二次有效放大：当成交量第二次有效放大的时候，我们能够看到股价强势回升特别显著，这是庄家主动操盘的结果。

（2）缩量之时提供买点：在量能萎缩的情况下，庄家短期的操盘力度不强，这为我们提供了价格回调的买点时机。由于庄家操盘有一定的延续性，在量能萎缩至 100 日等量线的那一刻，我们认为是低位建仓的机会。

（3）持股可以盈利：在量能维持在 100 日等量线以上的时候，价格表现不会很差，这期间都是我们持有股票的机会。量能放大表明庄家操盘过程得到延续，相应的买点机会更容易得到确认。

豫光金铅日 K 线图如图 5-6 所示。

**图 5-6 豫光金铅日 K 线图**

操作要领如下：

（1）从量能第二次有效放大来看：图中显示的 B 位置的成交量有效放大，并且明显超过 100 日等量线。从这个位置开始，量能萎缩就会提供比较好的买点机会。

（2）从缩量之时提供买点来看：放量期间我们能够发现缩量调整的买点出现在图中 M1 位置和 M2 位置。这两个位置的建仓时机都比较典型，是非常好的追涨交易机会。

（3）从持股可以盈利来看：当成交量在 B 位置开始放大以后，我们看到买点出现在 M、M1 和 M2 的位置。随着量能放大得到延续，股价从低位的 4 元下方飙升至 11 元以上，涨幅接近 200%。

**总结**：成交量放大推动的价格上涨可以持续很长时间，特别是如果股价的涨幅还未充分释放的时候，足够大的量能体现了庄家的操盘决心，显示了价格上涨的巨大潜力。当成交量放大至 100 日等量线以后，高量能意味着庄家的资金充足，推动价格上涨的潜力很高。

# 四、稳定放量至 100 日等量线的主力拉升

通常量能的放大需要一定的时间，量能稳定放大至 100 日等量线上方，这种情况更容易见到。我们看到如果成交量出现稳步回升的情况，实战中的交易机会就出现在量能放大期间。量能越是稳定，价格上涨趋势越显著。

## （一）稳定在 100 日等量线的量价表现

当量能稳定在 100 日等量线的时候，量能依然没有结束连续放大趋势，价格就会出现单边上涨的情况。从盈利的效率来看，在稳步放量推动价格上涨的过程中，我们的盈利潜力还是很高的。如果我们按照计划持有股票，自然盈利空间也会很大。

形态特征如下：

（1）量能稳步放大并超过 100 日等量线：成交量稳步放大至 100 日等量线的过程中，我们看到价格在震荡中走强。价格震荡空间减小，累计涨幅却不断提升。

（2）价格回升出现加速态势：当量能达到 100 日等量线上方以后，价格短期回调不会轻易出现。这个时候，即便我们在追涨的情况下买入股票，都不会轻易出现亏损。

（3）指标走强筹码向上发散：当指标走强以后，筹码向上发散趋势也得到确认。各方面的指标都提示股价向好，庄家操盘力度大增，股价上涨潜力不断得到释放。

宁波华翔日 K 线图如图 5-7 所示。

操作要领如下：

（1）从量能稳步放大并超过 100 日等量线来看：图中 L 位置的量能回升趋势线中，我们能够看到成交量在长达 5 个月中回升，推动价格摆脱调整走势。

（2）从价格回升出现加速态势来看：在股价加速回升到 G 位置的高点前，量能已经明显达到 100 日等量线上方，相当于 100 日等量线的 2 倍以上。

（3）从指标走强筹码向上发散来看：成交量更高，并且图中 R 位置显示的指

**图 5-7　宁波华翔日 K 线图**

标已经稳步回升并且达到 80 以上超买位置。与此同时，图中 P 位置的筹码向高位发散得到确认。可以说，量能推动的价格走强才刚刚开始，庄家的操盘使得股价涨幅可以再创新高。

**总结：**庄家的操盘并非短期的买卖股票，而是以一年以上的操盘时间为目标拉升股价。图中股价放量回升到 G 位置高点，这是股价大幅上涨前的买点信息。

## （二）交易机会解读

随着量能放大，我们看到成交量高达 100 日等量线 2 倍以上，这种情况并不能长期延续。庄家在这个时候买入股票数量较多，股票在投资者之间的换手也很频繁。实际上，庄家操盘期间，高量能意味着高换手，价格上涨初期有助于减少抛售压力。在庄家吸筹完毕的时候，股价上涨空间还会继续加大。到那个时候，即便量能只是达到 100 日等量线，价格依然能够稳步走强。因为庄家已经控盘个股。

形态特征如下：

（1）股价经历天量放量：量能达到 100 日等量线 2 倍的时候，成交量已经达到天量状态，庄家在这个时候大量买入股票，使得股价回升趋势得到确认。

（2）量能萎缩后接近 100 日等量线：股价大幅回升以后，价格调整期间量能萎缩至 100 日等量线下方，提示我们低位买点形成。

（3）股价完成最后一次拉升：量能首次萎缩至 100 日等量线下方期间，庄家还没有完成出货动作。在成交量最好一次放大至 100 日等量线期间，我们最好一次持股盈利的机会出现。

宁波华翔日 K 线图如图 5-8 所示。

**图 5-8　宁波华翔日 K 线图**

操作要领如下：

（1）从股价经历天量放量来看： L 位置的量能放大期间成交量达到天量。接下来的时间里，股价从 G 位置高点继续飙升至 D 位置，涨幅高达 60%。

（2）从量能萎缩后接近 100 日等量线来看：成交量在股价见顶 D 位置时开始萎缩，之后 W 位置的量能放大期间，成交量只是接近了 100 日等量线，但是庄家控盘效果较好，该股依然从 D 位置飙升至 D1 位置，涨幅达 40%。

（3）从股价完成最后一次拉升来看：股价从 D 位置企稳以后，价格震荡上行，股价涨幅达到图中 D1 位置高点。期间 RSI 指标达到 C 位置的超买状态，提示股价顶部到来。

**总结：**由于股价上涨前量能放大趋势持续 5 个月，庄家已经有效吸筹。后期我们看到量能虽然萎缩，股价上涨却没有结束。手中有足够的筹码，庄家拉升股价并不费力。量能勉强达到100日等量线，股价依然能维持强势，这是我们需要关注的地方。

# 五、天量换手的主力出货

当成交量密集放大以后，我们可以看到价格强势上攻。这个时候，股价并不会结束回升趋势，除非庄家在短期出逃，促使价格高位的天量顶部反转形态出现。天量见顶是局部强势行情结束的信号，意味着庄家盈利到位需要兑现收益。量能越大表明阴线提示的庄家出货越多，股价在接下来的跌幅会很明显。

## （一）天量换手的量价表现

天量量能并不是任何时候都会出现，在价格波动强度较大的时候，天量量能会形成。这是因为，价格波动大的时候投资者盈亏变化很快，那么庄家买卖股票的热情可以被激发出来。放量反弹走势中，股价连续上涨后经常以天量顶部形态完成反转走势。

形态特征如下：

（1）缩量下跌期间出现放量反弹：缩量下跌期间，股价出现了放量反弹的量价表现。这个时候，庄家短线介入明显，使得股价短时间内连续走强。

（2）股价连续上涨超过一周：股价连续上涨超过一周，涨幅超过短线高位，使得高位的抛售压力越来越大。因为前期单边下跌期间套牢盘较大，股价连续上涨后见顶的速度很快。

（3）天量阴线顶部出现：天量阴线最能够体现见顶特征，这是短期拉升股价后庄家快速出逃的信号。同时，也是一些散户高价抛售股票的时刻。

中信海直日K线图如图5-9所示。

图 5-9  中信海直日 K 线图

操作要领如下：

（1）从缩量下跌期间出现放量反弹来看：在股价下跌期间，股价下跌持续时间越长，量能萎缩越严重。这个时候，图中 T 位置放大至天量量能的回升过程显然值得关注。

（2）从股价连续上涨超过一周来看：股价在 T 位置达到天量前，股价连续回升超过一周，价格飙升至 G 位置的时候，涨幅超过 40%。

（3）从天量阴线顶部出现来看：图中 G 位置的阴线出现之时，我们看到图中 T 位置天量量能形成，股价已经明显在阴线阶段见顶，天量阴线提示的顶部非常明确，我们的抛售机会需要尽快把握好。

**总结：** 在庄家放量拉升股价期间，确认高抛交易机会非常重要，使得我们能够在恰当的位置减少持股，减少因为股价反转带来的风险。特别是量能放大至 100 日等量线以上的时候，庄家的操盘力度较大。减少因为庄家出货和洗盘带来的亏损，天量顶部卖点可以得到确认。

## （二）交易机会解读

天量顶部出现以后，如果我们在与天量顶部相似的价位出货，通常是比较好的卖点时机。天量阴线出现的价位减仓非常理想，但是股价见顶以后短期很难反弹至此。可见，我们第一时间发现天量阴线以后，就可以考虑减仓了。

形态特征如下：

（1）天量量能充分释放抛售压力：天量量能出现之时，投资者之间的股票换手非常到位，是价格上涨以来难得的一次筹码大腾挪。这时候，也是庄家出货打压股价的信号。

（2）股价快速见顶回调：以天量顶部为起点，股价进入快速回调状态。在价格调整的过程中，高位卖点机会转瞬即逝。

（3）单边尖顶反转出现：在股价以天量见顶以后，尖顶的反转形态出现。与此同时，RSI 指标也冲高回落，提示短线的持股风险出现。

中信海直日 K 线图如图 5-10 所示。

**图 5-10　中信海直日 K 线图**

操作要领如下：

（1）从天量量能充分释放抛售压力来看：G 位置股价天量阴线见顶，量能相当于前一交易日的 2 倍，表明抛售压力增加，该股进入反转走势。

（2）从股价快速见顶回调来看：股价在 G 位置见顶以后，接下来在 M 位置再次出现了一个顶部形态。但是 M 位置的反弹有限，考虑到下跌还未结束，缩量下跌期间我们以持币为主。

（3）从单边尖顶反转出现来看：在股价天量见顶的过程中，典型的尖顶反转形态得到确认。与此同时，图中 R 位置的 RSI 指标也见顶回调。直到 RSI 指标跌破 50 线的时候，该股从高位回调达 17%。

**总结**：下跌趋势中，天量量能到 W 位置量能跌破 100 日等量线，该股活跃度快速降到冰点。阴线顶是值得关注的卖点形态。我们看到即便庄家没有大量出逃，天量顶部的洗盘动作也值得关注。因为其间我们已经获利 40%，因此，我们不必在价格下跌期间持股后使得利润缩水。

# 六、100 日等量线附近的脉冲量能操盘

量能脉冲放大至 100 日等量线的时候，表明庄家操盘力度加大，股价短线的表现趋于强势。不过价格短线回升持续时间不长，股价很容易冲高回落。随着脉冲量能出现次数增加，股价波动表现趋于强势。最后，庄家控盘力度加大的时候，量能可以稳定在 100 日等量线以上。

## （一）脉冲放量至 100 日等量线的量价表现

当成交量脉冲放大至 100 日等量线上方的时候，价格反弹强度会很大。我们总是能够发现量能达到 100 日等量线，但是继续放量的情况并没有出现，股价就已经冲高回落。在脉冲量能出现以后，我们可以有很多的短线盈利机会。

形态特征如下：

（1）价格经历下跌走势：当股价经历了明显的下跌趋势以后，我们认为股价下跌已经能够影响投资者情绪。价格很容易出现缩量运行态势。量能萎缩同样也限制了价格涨幅。

（2）股价脉冲放量反弹：当成交量明显出现脉冲放大的时候，表明庄家短线开始操盘。不过操盘力度不大，只是在短时间内拉升了股价。

（3）反弹次数不断增加：随着反弹次数的增加，脉冲放量拉升股价的情况不

断出现，期间的超短线交易机会也就形成了。我们可以在经历脉冲放量期间持股，以便获得短线收益。

大冷股份日 K 线图如图 5-11 所示。

**图 5-11　大冷股份日 K 线图**

操作要领如下：

（1）从价格经历下跌走势来看：前期股价从图中 E 位置的高位回落至 F 位置的低点，价格跌幅达 35%。下跌以后股价脉冲放量回升，价格经历了 L 位置的反弹走势。

（2）从股价脉冲放量反弹来看：虽然 A 位置和 B 位置都出现了脉冲量，但是价格在 L 位置和 L1 位置的涨幅不大，脉冲量能是庄家短线拉升的信号，并不能够提供更高的收益空间。

（3）从反弹次数不断增加来看：在股价经历了 B 位置的脉冲量以后，价格再次反弹。其间 RSI 指标不断回升，虽然 D 位置的 RSI 指标也在短线回调，但是指标已经不可能回到前期低位。

**总结**：脉冲量能出现在价格反弹期间，庄家短线操盘促使股价震荡企稳。这期间，交易机会不断出现在脉冲行情中。反弹次数增加的过程中，我们的超短线盈利机会得到确认。

## （二）交易机会解读

脉冲放量期间，价格难以大幅上涨，原因是庄家还未连续拉升股价。或者说，股价短时间内还未调整到位。不过随着脉冲次数增多，成交量可以稳定在高位，直到量能达到 100 日等量线以上，价格就会进入单边回升态势。在价格单边回升前，我们做好短线交易准备，在价格双向震荡期间高抛低吸，能够获得更多的收益。

形态特征如下：

（1）脉冲量能出现次数增加：脉冲量能出现次数增加，说明庄家操盘动作更多，价格活跃度不断提升。脉冲量能期间，成交量只是在短时间内放大。而脉冲次数增多以后，量能可以稳定下来。

（2）量能稳定在 100 日等量线：当成交量最终稳定在 100 日等量线以上的时候，我们认为庄家操盘使得股价活跃度大幅度提升。股价走势不断强化，距离放量突破更进一步。

（3）价格波动收窄等待突破：在脉冲放量拉升股价次数增加的过程中，价格波动空间不断收窄。实际上，股价反弹以后不会大幅度调整，这是股价即将向上放量突破的信号。

大冷股份日 K 线图如图 5-12 所示。

操作要领如下：

（1）从脉冲量能出现次数增加来看：量能在 A、B、C、D、E 五个位置都出现了放大，但是量能以脉冲形式出现，持续时间比较短，股价在 L、L1、L2、L3、L4、L5 六个位置出现反弹，不过反弹强度不断收窄。

（2）从量能稳定在 100 日等量线来看：随着脉冲放量次数增加，从 C 位置的脉冲量能开始，成交量已经可以稳定在 100 日等量线。这表明，庄家以脉冲量能拉升股价期间，该股的活跃度已经显著提升。

（3）从价格波动收窄等待突破来看：成交量在 A 位置完成出现脉冲量能的时候，该股反弹强度达 30%。但是在 E 位置脉冲量能出现的时候，股价反弹小于10%。可见，随着脉冲反弹次数增加，庄家拉升股价涨幅收窄，该股已经到变盘的临界位置。

**图 5-12　大冷股份日 K 线图**

**总结**：在脉冲量能出现的过程中，RSI 指标表现已经很强势。在股价脉冲次数增加以后，图中 D1 位置显示的 RSI 指标回调空间不大，表明股价活跃度得到提升。其间我们按照脉冲放量的形式超短线交易股票，可以稳步增加投资收益。对于还未加速上涨的该股来讲，不断积累短线收益非常重要。

# 七、密集缩量跌破 100 日等量线洗盘

在量能连续萎缩期间，我们会看到股价经历了缩量下跌的走势。这缩量下跌完全是在量能萎缩后单边出现，短期很难改变价格下跌节奏。如果我们贸然行动，在量能萎缩的情况下买入股票，就很容易出现亏损。

## （一）密集缩量至 100 日等量线的量价表现

当量能从 100 日等量线上方开始萎缩的时候，我们能够看到股价缩量下跌的趋势正在出现。量能萎缩速度很快，使得股价进入单边下跌的节奏中。从交易机

会来看，我们看到量能显著萎缩到 100 日等量线以下，甚至会出现地量的情况，这是短期难以挽回的跌势格局。

形态特征如下：

（1）量能从密集天量开始萎缩：当成交量从密集的天量开始萎缩的时候，短期我们会看到典型的缩量趋势。量能显著萎缩成为股价见顶的推动因素。

（2）量能低于 100 日等量线：当成交量明显低于 100 日等量线的时候，我们会看到股价不会出现任何有效反弹。

（3）股价出现地量下跌：从天量拉升到地量下跌的过程中，持续时间虽然不长，但这是股价再次步入跌势的信号，意味着短期难以有反弹的盈利机会出现。

光明地产日 K 线图如图 5-13 所示。

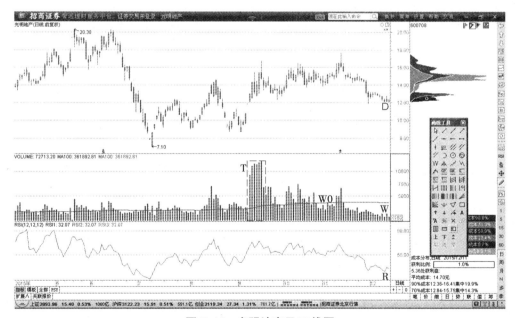

图 5-13　光明地产日 K 线图

操作要领如下：

（1）从量能从密集天量开始萎缩来看：图中 T 位置出现了天量量能，该量能集中在一周内爆发，显然是庄家短线介入的信号。但是天量以后成交量开始萎缩，股价出现了见顶迹象。

（2）从量能低于 100 日等量线来看：图中 W0 位置的量能明显低于 100 日等

量线，我们认为这是量能萎缩后的股价下跌信号。量能无法维持在 100 日等量线上方，意味着股价难以有好的表现。

（3）从股价出现地量下跌来看：随着量能开始萎缩，我们看到股价在缩量状态下不断走低。图中 W 位置已经出现地量，股价回调至 D 位置的低点，并且很难有反弹走势形成。

**总结**：天量量能为庄家出逃提供了机会，在量能充分释放以后，后续资金流入明显减少，使得股价难以有好的表现。我们关注量能萎缩，其实就是关注价格缩量下跌趋势。缩量状态下，下跌过程中的交易机会不断减少。

## （二）交易机会解读

在量能萎缩期间，地量量能出现时通常也是股价触底的时刻。不过考虑到庄家的不作为，量能可以在地量以后再次萎缩。也就是说，地量之后还会有更低的量能出现，这是我们需要考虑的问题。

形态特征如下：

（1）地量之后股价短线反弹：首次在下跌期间出现地量的时候，股价出现短线反弹走势。反弹期间股价涨幅有限，限于量能无法放大，股价很快再次进入下跌趋势。

（2）更低的量能出现：股价缩量下跌期间，更低的地量量能出现，股价跌幅也明显扩大。而当我们确认价格已经跌至前期低点以后，并且股价也处于前期天量量能对应的价位下限，这是股价短期下跌到位的信号。

（3）RSI 指标背离反转：从 RSI 指标看，股价第二次出现地量底部，指标同时达到 20 以下的超卖状态，这是股价下跌到位的信号。

光明地产日 K 线图如图 5-14 所示。

操作要领如下：

（1）从地量之后股价短线反弹来看：图中 W 位置对应的量能首次达到地量，股价从 D 位置反弹，但是反弹强度不大。

（2）从更低的量能出现来看：当价格结束反弹以后，该股在下跌期间出现了 W1 位置的更低量能。与此同时，我们看到股价在 M 位置跌破前期低位，这是比较典型的超跌买点机会。

（3）从 RSI 指标背离反转来看：RSI 指标在 W1 位置出现地量量能以后超买，

指标从 R1 位置的超买位置反弹到 G 位置的高点。与此同时，该股也进入短线反弹状态。

图 5-14　光明地产日 K 线图

**总结**：在 RSI 指标超买以后，股价已经在 M 位置触底，M 位置的短线买点不容忽视。价格小幅反弹以后，低点 P 位置对应的筹码峰规模很大，意味着筹码换手数量很大，该股低位已经能够获得有效支撑。

# 八、加速放量到 100 日等量线的拉升

在量能萎缩的调整阶段，庄家动向始终是我们关注的重点。因为一旦庄家短线介入，对价格走势将起到决定性作用。随着股价缩量下跌到位，我们会看到庄家在低吸阶段放量买入股票。量能放大至 100 日等量线效率越高，价格摆脱下跌趋势的速度也更快。

## （一）加速放量至 100 日等量线的量价表现

如果成交量能够加速放大至 100 日等量线，我们认为股价已经进入飙升阶段。由于量能放大速度很快，价格涨幅取决于庄家投入资金的力度。如果庄家操盘力度很强，量能放大更有效，价格强势表现就会得到延续。即便是局部短线反弹走势，在这种量能加速放大的情况下，我们依然能够获取很大的收益空间。

形态特征如下：

（1）股价经历单边缩量下跌：当股价经历了单边缩量下跌走势以后，我们能够看到股价跌幅不断扩大。这期间，我们买入股票的风险很大。

（2）量能突然放大至 100 日等量线：当价格跌幅不断扩大时，缩量期间出现量能放大的情况，成交量一次性放大至 100 日等量线以上，提示我们股价活跃度快速提升，交易机会也出现在这个时候。

（3）RSI 指标反弹至 50 线：当 RSI 指标同步反弹至 50 线以后，我们认为指标可以支撑股价上涨。RSI 指标达到 50 线，表明价格进入回升状态，持股的机会也就出现了。

德美化工日 K 线图如图 5-15 所示。

**图 5-15　德美化工日 K 线图**

操作要领如下：

（1）从股价经历单边缩量下跌来看：股价缩量下跌至最低 8.27 元，跌幅达 28%。这个时候，突然出现的放量信号，使得我们相信庄家开始快速操盘。

（2）从量能突然放大至 100 日等量线来看：F 位置的量能突然连续 2 个交易日放大，量能达到 100 日等量线上方，这是庄家突然加大操盘力度的结果。由于股价经历了下跌走势，庄家吸筹结束后开始拉升股价。

（3）从 RSI 指标反弹至 50 线来看：F 位置的量能放大以后，股价在 T 位置快速涨停，同时 RSI 指标也回升至 R 位置的高位。RSI 指标达到 50 线上方，表明该股在短时间内摆脱缩量下跌走势。

**总结**：在量能放大期间，价格强势表现值得关注。股价在很短的时间里摆脱了跌势，意味着技术性反弹期间的盈利出现。我们确保在量能突破 100 日等量线以后持股，能够在庄家操盘的过程中大幅盈利。

## （二）交易机会解读

当成交量放大至 100 日等量线以上的时候，我们看到股价活跃度提升到一个新的高度。庄家不仅在放量拉升股价，同时也利用资金优势买入更多的股票。经历缩量下跌以后，股价处于低位，庄家放量拉升股价能够在短时间内获取廉价筹码。我们认为庄家抢筹的过程同时也是我们持股盈利的机会。

形态特征如下：

（1）量能加速放大至 100 日等量线的 3 倍：成交量短线加速放大期间，量能高达 100 日等量线的 3 倍，我们认为价格活跃度短期都不可能停止。这个时候，利用缩量买入股票是不错的选择。

（2）缩量期间价格回调：量能从高位萎缩以后，成交量不会跌破 100 日等量线。一旦量能接近 100 日等量线，我们可以买入股票。

（3）买点出现在缩量过程中：在股价缩量回调期间，伴随着量能萎缩并且接近 100 日等量线，价格短线调整力度很大，这也为我们提供了介入的机会。考虑到成交量已经高企，随后量能依然在高位运行，而股价短线也会快速反弹。

德美化工日 K 线图如图 5-16 所示。

图 5-16　德美化工日 K 线图

操作要领如下：

（1）从量能加速放大至 100 日等量线的 3 倍来看：图中 F1 位置的成交量高达 100 日等量线的 3 倍，这是成交量充分放大的信号。庄家在这个时候疯狂抢筹，使得量能急剧回升。

（2）从缩量期间价格回调来看：既然庄家大量抢筹，量能在 W 位置短线萎缩，这并不能改变量能已经放大的事实。W 位置的量能接近 100 日等量线，我们认为已经是量能局部行情的最低量，对应的价格也是比较低的。

（3）从买点出现在缩量过程中来看：股价短线跌停以后，价格在 M 位置触底。W 位置量能低点对应的 M 位置的价位较低，是我们抄底的交易机会。

**总结**：当庄家主动放量拉升股价的时候，该股日 K 线图中量能放大至之前量能的最高 18 倍以上。庄家抢筹力度达到历史新高，使得股价即便出现缩量回调，也依然是我们抄底的机会。价格在放量阶段调整空间有限，我们可以把握好这样的买点时机。

# 第六章　K线形态表明庄家操盘强度

K线形态表现为涨停大阳线抢筹形态、中阴线洗盘形态、十字星震仓形态等，这些都是庄家强势操盘的重要信号。有庄家参与其中，价格波动强度总会非常大。我们认识到异常波动的K线形态是庄家操盘的信号，区别这些交易信息很重要，这样我们就能够及时确认庄家交易方向。同时，我们还可以根据K线特征判断庄家的操盘力度，为买卖股票提供第一手资料。

## 一、大阳线建仓K线形态

通常，大阳线出现的交易日成交量有效放大，庄家在大阳线出现的时候快速建仓，这有助于股价加速上涨。从庄家操盘来看，只有大力建仓庄家才有动力拉升股价。放量拉升出大阳线的时候，庄家短线建仓数量可观，对于价格上涨是很大的利好。从减少抛售压力看，庄家放量拉升大阳线期间接盘散户抛售的筹码，这能够帮助价格加速上行。

### （一）大阳线形态的抢筹效果分析

大阳线出现的时候，即便量能没有达到天量，也会接近天量量能。如果出现天量量能，我们可以认为庄家大量建仓，短线来看对价格是一种强支撑信号。随着大阳线的出现，确认短线买入机会非常重要，使得我们能够把握好价格加速上涨的买点时机。大阳线频繁出现在相似的价位，表明短线压力被消耗殆尽，股价放量上涨可期。

形态特征如下：

（1）股价天量大阳线上涨：在股价出现天量大阳线上涨的情况下，我们能够看到股价出现了庄家快速建仓的动作。大阳线突破压力位，提示庄家正在加速控盘。

（2）相似价位再次出现大阳线：如果说一根大阳线还不能有效突破压力位置，那么第二次甚至第三次大阳线出现以后，阻碍股价上涨的压力就已经减弱，价格突破后有进一步走强的潜力。

（3）MACD指标表现强势：在股价以大阳线上涨期间，我们能够看到MACD指标的DIF线表现强势，这说明均线方面走势较好，有助于股价以大阳线为支撑加速上涨。

永新股份日K线图如图6-1所示。

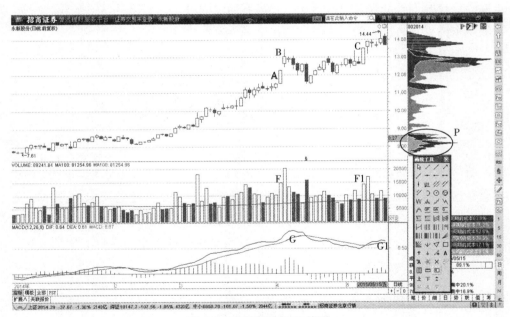

图6-1　永新股份日K线图

操作要领如下：

（1）从股价天量大阳线上涨来看：图中A位置出现大阳线形态，对应的F位置量能达到天量，这是推动价格上涨的重要信号。同时，A位置大阳线出现以后，第二个交易日B位置又一次出现阳线，体现了庄家建仓和拉升股价突破压力位的操盘意图。

（2）从相似价位再次出现大阳线来看：C 位置在相似的价位再次出现大阳线形态，对应的 F1 位置的量能接近天量，表明庄家的意图非常明确。这个价位的短线压力显然已经被大阳线消耗掉，股价上涨潜力有望得到释放。

（3）从 MACD 指标表现强势来看：图中 G 位置的 MACD 指标的 DIF 线表现强势，G1 位置的 DIF 线依然高位运行，说明指标提示的均线方面的支撑有效。MACD 指标进一步走强的可能性很大，那么将支撑股价上涨。

**总结：**在价格回升至高位以后，我们看到庄家的操盘正在加速进行。大阳线出现在高价位，表明庄家的操盘意图明确。同时，低点 P 位置体现的庄家筹码峰明显存在，也成为提示我们价格走强的信号。

## （二）买点机会解读

在成交量稳定在 100 日等量线上方的时候，庄家又在大幅拉升股价上涨，这是股价即将走强的信号。当我们确认放量大阳线形态以后，买入股票是比较有效的盈利手段。量能推动的价格强势格局未变，距离庄家拉升股价涨停已经非常接近。

形态特征如下：

（1）成交量明显高于 100 日等量线：成交量明显高于 100 日等量线，这使得我们相信股价活跃度很高，庄家依然在强势操盘过程中。大阳线出现以后，股价上涨的阻力减弱，价格能够加速回升。

（2）大阳线后股价高位运行：大阳线出现以后，价格已经处于高位运行，这是持股投资者明显盈利的信号。套牢盘很少，有助于提高投资者持股信心。

（3）价格跳空突破阻力区：当跳空涨停的情况出现以后，股价开始加速上涨。涨停速度很快，表明庄家强势控盘以后完全能够大幅拉升股价。交易机会出现时间很短，我们可以持股提升盈利。

永新股份日 K 线图如图 6-2 所示。

操作要领如下：

（1）从成交量明显高于 100 日等量线来看： F1 位置的放量阳线出现以后，直到股价涨停前，量能明显处于 100 日等量线上方，这表明该股活跃度相当高。

（2）从大阳线后股价高位运行来看：当大阳线出现在高位以后，我们能够看到股价在价格高位表现强势，这是庄家即将大幅拉升股价的蓄势形态。

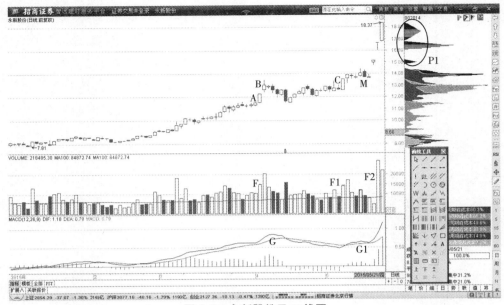

图 6-2　永新股份日 K 线图

（3）从价格跳空突破阻力区来看：M 位置的买点出现以后，该股以跳空涨停形式突破价格高位阻力区。价格上涨潜力得到释放，我们持股可以有效提升盈利效率。

**总结：** 我们看到股价跳空涨停以后，P1 位置显示的筹码向高位发散的趋势快速形成。交易机会出现在大阳线形成的时刻，把握好这样的买点时机，我们在该股飙升期间可获得最大收益。

# 二、大阴线洗盘 K 线形态

大阴线形态出现在价格弱势运行期间，我们能够看到股价出现放量下跌走势。阴线实体很长，使得持股不坚定的投资者卖掉手中股票，庄家达到洗盘目标。大阴线洗盘期间，我们看到股价并未出现连续下跌。实际上，股价企稳前的阴线对一部分投资者起到恐吓效果，依然持股的投资者有望在价格反弹期间获利。

## （一）大阴线形态的洗盘效果分析

当放量大阴线出现以后，股价跌幅虽然不大，却能够在短时间内下跌至筹码峰下限，这是持股投资者大面积亏损的信号。这个时候，股价很容易出现技术性反弹走势。如果庄家洗盘结束，股价在技术性反弹期间能够轻松回升至筹码峰以上，使得持股投资者全面获得收益。

形态特征如下：

（1）股价在低位弱势盘整：在股价低位运行期间，我们看到价格走势较弱，这个时候庄家还未强势控盘，股价上涨前还会继续调整。

（2）放量大阴线出现：当放量大阴线出现以后，我们会看到股价在放量期间跌幅较大，但是持续时间很短。通常，低价区的放量大阴线是庄家洗盘的动作。那么面对大阴线形态即便已经持有股票，我们也不必恐慌。

（3）股价在筹码峰下限触底：当股价短线放量下跌以后，价格很快达到筹码峰的下限，这是持股投资者短线被套的信号。价格已经处于低位区，套牢持股投资者只是短线庄家洗盘的结果，我们并不认为股价会继续回落。

有研硅股日 K 线图如图 6-3 所示。

**图 6-3　有研硅股日 K 线图**

操作要领如下：

（1）从股价在低位弱势盘整来看：当股价下跌至图中 E 位置以后，该股就已经在低价区盘整了 3 个月，盘整期间，量能维持低位运转。

（2）从放量大阴线出现来看：3 个月以后，股价在 A 位置出现大阴线下跌走势。该阴线出现的时间较短，只持续了两个交易日，表明庄家在利用资金优势洗盘。图中 D 位置显示的放量下跌后量能萎缩，说明洗盘期间资金出逃以后很少，该股不具备进一步下跌的可能。

（3）从股价在筹码峰下限触底来看：股价已经处于筹码峰下限，这个时候筹码获利率很小，我们认为价格脱离筹码峰的概率并不大，反而股价跌破了筹码峰，当前价位是比较好的抄底机会。

**总结：**在庄家放量打压股价期间，MACD 指标的 DIF 线已经在 H 位置跌破 0 轴线。这表明，庄家洗盘还是造成了一定影响。不过我们拨云见日，庄家打压股价却不是为了出逃。特别是在低价区，这是股价下跌后的买点机会。

## （二）买点机会解读

庄家放量打压股价期间，一定会出现价格洼地，我们趁机低吸建仓，可以获得低价筹码。从买点来看，低价区的大阴线出现以后，我们就可以买入股票了。当股价摆脱缩量调整态势以后，放量回升期间还会出现缩量回调的情况，其间的买点依然值得我们关注。

形态特征如下：

（1）缩量买点出现在大阴线以后：大阴线形态出现以后，量能很快萎缩并且低于 100 日等量线。大阴线并未造成资金大量出逃，表明持股投资者有足够的耐心。这期间，我们可以在缩量下跌时买入股票。

（2）股价放量回升：量能放大期间股价脱离调整状态，成交量达到 100 日等量线以上，我们认为这已经是价格持续走强的信号。

（3）放量后的缩量买点出现：当成交量放大至 100 日等量线以后，价格上涨趋势得到加强。如果价格短线缩量并且量能接近 100 日等量线，我们可以买入股票，提升盈利空间。

有研硅股日 K 线图如图 6-4 所示。

图 6-4　有研硅股日 K 线图

操作要领如下：

（1）从缩量买点出现在大阴线以后来看：图中 A 位置大阴线形成，接下来的 D 位置量能体现出明显缩量，提示我们股价缩量触底。股价在大阴线后触底的位置，同样也是前期价格的低点。

（2）从股价放量回升来看：量能在接下来的时间里开始放大，股价触底以后在 B 位置再次回调。从量能放大我们确认该股已经走强。

（3）从放量后的缩量买点出现来看：图中 D1 位置的成交量明显萎缩，但是量能维持在 100 日等量线上方，提示我们交易机会依然存在。在 B 位置继续买入股票后，短线盈利进一步提升 20%。

**总结：**庄家打压股价洗盘期间，量能在 D 位置显著萎缩，同时股价回升期间 D1 位置的量能萎缩同样提示买点机会。我们看到 MACD 指标的 DIF 线在 H 位置触底，当指标回升至 H1 位置的时候，已经是回升趋势，价格回调却不改变上行趋势。

# 三、停板抢筹 K 线形态

以涨停板抢筹码的时候，庄家控盘力度很大，这对于短期价格走强非常重要。如果我们能够看到股价出现一字涨停板，价格还处于低价区域，这将是行情开始发酵的重要信号。随着庄家开始强势操盘，散户追涨热情很高，放量之时股价自然走强。

## （一）停板 K 线形态的抢筹效果分析

经历了大跌走势以后，股价在低位运行，像样的反弹还没有出现，这也为我们提供了低价买入股票的机会。随着庄家在价格低位抢筹，股价以一字涨停的形式走强，我们应该关注这期间的追涨机会。涨停之时我们没办法介入，但是涨停以后就有机会买入股票了。

形态特征如下：

（1）价格低位区出现一字涨停板：股价经历暴跌行情以后，在价格低位区出现技术性反弹。股价反弹效率很高，因为庄家在以抢筹的形式高价买入股票。价格在开盘就已经涨停，一字涨停的价格形态提示股价走强。

（2）一字涨停后量能快速放大：庄家拉升股价一字涨停不仅是为了吸引眼球，更是为了拉升股价盈利。一字涨停以后量能放大，表明追涨投资者积极买入股票，推动价格不断向上回升。

（3）RSI 指标向好提示买点：从 RSI 指标看，该指标在股价一字涨停的时候出现了企稳的信号。指标明显回升到 50 线上方，这是非常难得的看涨机会。指标表现强势，显示庄家的操盘力度很强，接下来持股风险就大大降低了。

浙江医药日 K 线图如图 6-5 所示。

操作要领如下：

（1）从价格低位区出现一字涨停板来看：图中 A 位置的一字涨停板形态值得关注，这是股价暴跌以来难得的庄家抢筹动作。从低价区开始一字涨停，即便在股价涨停以后，买入股票的成本依然较低。那么我们追涨该股的话，还是值得一

图 6-5　浙江医药日 K 线图

试的。

（2）从一字涨停后量能快速放大来看：图中 D 位置的量能在一字涨停板以后快速放大，量能明显超过 100 日等量线，这是庄家拉升股价后散户强势介入的结果。追涨的资金量很大，这也进一步提升了该股的活跃度。可见，我们在这个时候追涨还是值得的。

（3）从 RSI 指标向好提示买点来看：前期 RSI 指标表现弱势，很难出现指标达到 50 线的情况。但是该股一字涨停以后，R 位置的 RSI 指标已经显著高于 50线，提示我们该股的运行趋势已经向上。

**总结：**当技术性反弹走势出现以后，我们认为行情已经在一字涨停以后展开。从量能表现看，价格强势格局不会在短时间内结束。量能在涨停后的第二个交易日就超越 100 日等量线，即便从散户追涨推动价格回升来看，我们买入股票也能够盈利。

## （二）买点机会解读

从一字涨停后提供的支撑来看，我们能够看到庄家在一字涨停期间拉升股价，该价位就是比较典型的支撑点。随着量能放大，股价震荡走强期间也会出现调整，但是却不会跌破一字涨停板的收盘价位。一字涨停收盘价是庄家拉升后确认的支撑价，同样也是我们买入股票的有效价位。

形态特征如下：

（1）价格放量走强：一字涨停以后量能放大，在接下来的一段时间里，成交量始终维持高位，使得股价上涨趋势不断得到加强。

（2）股价频繁回调至一字涨停板收盘价：股价并非以连续涨停的形式走强，而是在震荡过程中上涨。其间价格也曾出现调整，但是股价回调后总是能够在一字涨停板以上获得支撑。

（3）股价频繁反弹提升持股收益：我们确认一字涨停板位置的买点非常重要，在增加持股数量的过程中，股价放量上涨期间我们的盈利可以稳步提升。

浙江医药日 K 线图如图 6-6 所示。

**图 6-6 浙江医药日 K 线图**

操作要领如下：

（1）从价格放量走强来看：从 A 位置的一字涨停板后，成交量始终处于回升趋势中。在量能放大的过程中，股价很快走强。

（2）从股价频繁回调至一字涨停板收盘价来看：价格震荡回升期间也曾出现

调整，图中 M 位置和 M1 位置股价最低并未跌破一字涨停板的收盘价，这也为我们扩大收益提供了机会。

（3）从股价频繁反弹提升持股收益来看：从 M 位置和 M1 位置开始的反弹中，价格最高达 14 元高位，我们的盈利空间达 40%。即便是相对高位 M2 位置开始的反弹，我们依然有 30% 的收益空间。

**总结**：股价一字涨停以后，RSI 指标始终保持强势运行状态，即便在 R1 位置的回调期间，指标也只是短线跌破 50 线。指标强势证明我们对回升趋势判断正确，低吸买入股票的机会不容忽视，增加持股可以扩大收益空间。

# 四、十字星震仓 K 线形态

十字星形态中，价格在盘口的双向震荡明显，是多空双方争夺主导权的一种形态。股价短线回调期间，价格低位经常出现这种形态。特别是在庄家洗盘的过程中，价格回调有限，但是短线震荡不可避免。庄家并不会持续打压股价，在阴线下跌到位以后，庄家主导价格反弹走势，就会出现十字星触底的形态。

## （一）十字星震仓的洗盘效果分析

十字星洗盘形态中，我们能够看到股价双向震荡。交易机会出现在十字星完成以后。通常，价格回升期间量能维持在高位，即便庄家短线打压股价，量能也不会显著回调至 100 日等量线以下。偶然一次大幅下跌对价格回升造成的影响有限，我们认为是庄家洗盘后继续拉升的信号。

形态特征如下：

（1）价格经历显著放量回升：股价放量上涨的过程中，会积累一定的盈利盘。盈利的投资者短线减少持股，阻碍股价继续上涨。这个时候，为了进一步拉升股价，庄家考虑打压股价洗盘。

（2）阴线回调提示洗盘：大阴线形态出现以后，价格上涨趋势明显遇阻。但是阴线出现之时成交量不大，表明庄家正在短线打压股价洗盘。洗盘期间出逃资金有限。

（3）十字星出现在阴线以后：大阴线出现以后，股价震荡空间加大。最后，我们能够看到十字星的触底形态出现，这就很好地提示了价格底部。

六国化工日 K 线图如图 6-7 所示：

图 6-7　六国化工日 K 线图

操作要领如下：

（1）从价格经历显著放量回升来看：股价回升期间出现了图中 A 位置的回调走势。调整结束后，该股连续出现 7 个交易日的阳线，股价短线涨幅加大。

（2）从阴线回调提示洗盘来看：从阴线回调来看，股价在 A 位置的调整空间不大。A 位置的十字星很好地提示了底部。后期股价继续出现大阴线形态，B 位置的十字星又一次提示低价买点。

（3）从十字星出现在阴线以后来看：B 位置的大阴线与十字星连续形成，表明庄家的洗盘力度并不大，只经历了一个交易日的显著下跌，就以十字星形态触底。我们认为十字星提供了抄底的可能。

**总结**：价格出现十字星底部期间，D 位置和 D1 位置的量能都出现萎缩，不同的是，B 位置的价格回调以后，RSI 指标在 R 位置跌破 50 线。这表明，庄家的短线洗盘已经提示股价进入顶部区域。不过考虑到十字星短线确认底部，买入该股后我们依然有利可图。

## （二）买点机会解读

在十字星出现的时候，十字星的开盘价通常与收盘价相差无几，这是盘口多空之间争夺的结果。由于价格经历了短线回调，股价继续下跌期间多方努力维护价格，使得股价经历触底回升走势。十字星改变了价格的调整节奏，表明多空之间争夺以后，价格可以出现企稳的走势。按照十字星确认的低点信号买入股票，我们在反弹期间能够获得收益。

形态特征如下：

（1）股价以缩量十字星触底：股价以缩量十字星触底以后，形态上表现为明显的止跌企稳信号。价格虽然在分时图中大幅回调，但是尾盘收盘价与开盘价接近，表明十字星提供的买点信号得到确认。

（2）技术性反弹出现在十字星以后：在价格回升阶段，十字星提供了非常好的反转信号，是股价从低位反弹的起始点。特别是庄家操盘期间，我们认为股价回调并非坏事，这有助于减少庄家拉升股价期间的阻力，为价格上涨提供便利。

（3）下跌趋势中十字星提供买点：在下跌过程中，价格出现了单边回调的情况。随着跌幅扩大，我们能够看到股价以低点十字星的方式触底。价格触底以后，依然会出现技术性反弹走势，同样也是我们买入股票的盈利机会。

六国化工日K线图如图6-8所示。

操作要领如下：

（1）从股价以缩量十字星触底来看：我们看到回升趋势中A位置和B位置的典型十字星形态，其间D位置和D1位置量能显著萎缩，是价格开始反弹的信号。量能较低，是庄家洗盘的结果，放量之后价格上涨提供了盈利机会。

（2）从技术性反弹出现在十字星以后来看：价格反弹期间，从A位置的反弹中股价再创新高。同样地，在B位置开始的反弹走势中，我们也看到股价涨幅较大，最高达11.77元。

（3）从下跌趋势中十字星提供买点来看：除了回升趋势中的十字星外，下跌期间图中C位置的阴线十字星也是比较好的交易信号。该十字星出现在股价跌破调整形态以后，是股价进一步杀跌期间出现的形态。作为超跌后确认买点的信号，十字星以后图中C位置已经是价格低点。

图 6-8　六国化工日 K 线图

**总结：**在股价回落期间，技术性反弹起始于 C 位置，其间 RSI 指标已经在 R1 位置回升，是背离后的买点信号。随着股价摆脱了跌势，我们的盈利机会出现。价格从 C 位置反弹至 G 位置时，涨幅已达 30%。

# 五、大棒槌换手 K 线形态

棒槌线是价格高强度波动期间出现的形态，通常棒槌线的波动空间很大，是带有双向影线的 K 线形态。该形态出现之时，多空争夺非常激烈，争夺的结果是价格运行趋势出现反转。我们可以关注棒槌线完成以后的交易机会，在棒槌线完成以后开始交易，通常可以获得交易机会的投资效果。

## （一）大棒槌线的洗盘效果分析

当股价经历回调走势的时候，我们会看到价格触底之时波动空间扩大。这个时候，十字星形态容易出现，而棒槌线是十字星触底的一种变化形态。从形态上看，棒槌线的实体更长，该形态中价格波动强度也很大，是比较典型的洗盘结束信号。庄家打压股价结束以后，棒槌线中股价双向震荡，买点机会在棒槌线以后形成。棒槌线的波动空间虽然很大，但是股价的双向震荡已经改变了价格下跌节奏，是局部反弹走势开始的形态。

形态特征如下：

（1）股价经历缩量回调：量能萎缩期间，我们会看到股价缩量下跌。在确认底部支撑的过程中，棒槌线成为典型的反转形态。庄家虽然短线洗盘，棒槌线的出现却能从形态上提示我们买点机会。

（2）价格低位出现棒槌线：在价格低位出现棒槌线的情况下，我们看到股价双向震荡明显，但是价格不再回调。特别是如果出现了阳线棒槌线的时候，更是我们买入股票的好时机。

（3）棒槌线成为反弹起始点：价格弱势运行期间，棒槌线从形态上确认了价格底部，提示我们技术性反弹的买点时机。随着反弹走势的完成，价格调整以后还会出现买点时机，这些都是我们需要把握好的交易信号。

华联控股日K线图如图6-9所示。

**图6-9 华联控股日K线图**

操作要领如下：

（1）从股价经历缩量回调来看：价格上涨期间我们能够看到图中 A 位置的价格缩量调整走势。接下来图中 B 位置股价依然出现缩量回调，量能在 W 位置和 W1 位置都缩量至 100 日等量线以下，这是庄家洗盘期间交投不够活跃的体现。

（2）从价格低位出现棒槌线来看：图中 A 位置出现了阳线棒槌线，价格在这个位置双向震荡，提示我们低位买点信号。同时，B 位置的阴线棒槌线出现在股价持续回调阶段，表明股价在棒槌线期间出现触底信号。

（3）从棒槌线成为反弹起始点来看：A 位置的阳线棒槌线非常典型，股价在棒槌线出现的过程中已经开始触底。同时，我们还能看到 B 位置其实出现了连续两个阴线棒槌线，股价下跌空间很小，也是低点买入股票的机会。

**总结：** 棒槌线出现在庄家洗盘阶段，特别是在量能萎缩的价格下跌走势中，局部下跌走势触底的典型形态便是棒槌线。棒槌线的实体相比十字星更大，如果是阳线实体，则有助于我们确认买点。阴线实体中，股价跌幅有限，同样也提示我们底部买点。

## （二）买点机会解读

在棒槌线出现的时候，价格会出现明显的异动。这个时候，投资者的情绪很不稳定，但是多空之间能够达成妥协，价格在显著回调以后出现企稳信号。棒槌线既是多空争夺的主战场，同样也是局部行情开始向好的起始形态。我们看到棒槌线以后不必继续等待，买入股票以后可以看到价格明显开始反弹，就确认了低点的支撑。这个时候，棒槌线提示的买点就成为我们开始盈利的起始点位。

形态特征如下：

（1）缩量棒槌线提示触底：在成交量萎缩的情况下，我们能够看到价格低位的棒槌线提示我们股价触底。这个时候，形态上的底部和量能萎缩都验证了股价下跌到位。等待我们买入股票以后，价格放量反弹可以确认买点有效。

（2）RSI 指标触底反转验证底部：当 RSI 指标触底反转以后，我们就进一步验证了棒槌线的底部买点。虽然庄家短线洗盘，但是 RSI 指标在 50 线以下确认了底部。这个时候，买入股票后我们持股便可以盈利了。

华联控股日 K 线图如图 6-10 所示。

图 6-10　华联控股日 K 线图

操作要领如下：

（1）从缩量棒槌线提示触底来看：A 位置的阳线棒槌线非常典型，该阳线确认了股价底部。接下来价格调整期间的 B 位置和 C 位置的双阴线棒槌线也是典型的触底形态。双阴线出现以后，价格在短时间内完成反转走势。双阴线棒槌线的整体回调空间非常有限，是以高开的形式完成棒槌线走势的，提示我们股价触底。

（2）从 RSI 指标触底反转验证底部来看：我们看到股价出现棒槌线以后，图中 R 位置、R1 位置和 R2 位置的 RSI 指标都在期间出现反转形态。RSI 指标反转提示棒槌线是有效的底部，是比较可靠的低位买入的机会。

**总结：**棒槌线提供的交易机会还是比较难得的，在庄家操盘期间，该形态是多空双方有力争夺的信号。股价虽然面临抛售压力，但是价格宽幅震荡期间，庄家洗盘到位。我们在图中 A 和 B 两个位置买入股票的时候，价格分别回升至 G 位置和 G1 位置，涨幅达 20% 和 30%。在局部行情中，我们抄底盈利空间可观。

# 第七章 缺口揭示庄家操盘异动

缺口形态最能体现价格强势运行特征，出现缺口意味着庄家操盘达到高潮状态。这个时候，价格突破阻力区，单边趋势出现概率大增。我们根据缺口形态确认庄家操盘性质，如果庄家打算拉升股价，那么股价是跳空上涨的缺口形态。缺口形态可以成为股价稳步回升的支撑形态。而如果缺口是跳空下跌的，那么说明主力正在打压股价，缺口可以成为价格下跌的起始形态。总的来看，围绕缺口形态做出买卖动作，获得成功的概率增加。缺口提示行情逆转，是我们把握好交易机会的最佳时刻。

## 一、低开跳空抢筹缺口

股价低开下跌并不意味着股价会走低，实际上，这可能是庄家利用资金优势打压股价后抢筹的信号。随着股价低开下跌，我们能够看到价格出现了明显的放量反弹走势。放量期间庄家尽力大量买入股票，使得价格轻易脱离低价区域。这个时候，价格走强提供的追涨信号明确，我们持股可以在短时间内获得收益。

### （一）低开跳空抢筹缺口形态

价格低开意味着股价短线表现弱势，收盘股价出现阴线的概率很大。这个时候，突然出现的缩量下跌使得投资者很难改变买卖策略。价格下跌以后，资金会在第二个交易日流入，提示我们庄家已经在短线抢筹建仓。

形态特征如下：

（1）股价缩量低开下挫：在股价震荡期间，我们会看到价格突然出现了低开杀跌的情况。但是同时量能并未放大，这是庄家利用资金优势打压股价洗盘的信号。

（2）MACD 指标表现强势：在 MACD 指标维持在 0 轴线以上的时候，我们看到即便价格出现了明显的低开调整，也难以改变价格强势格局。特别是股价刚刚低开回调以后，量能萎缩期间，庄家没办法出货。庄家短线还会拉升股价，即便为了高抛卖掉股票，也会维持价格在高位运行。

（3）价格很快放量反弹：量能有效放大，成交量在价格反弹的时候达到 100日等量线以上，这是庄家短线抢筹的信号。股价在低开下跌后建仓成本降低，使得庄家低价抢筹更加踊跃。

中房地产日 K 线图如图 7-1 所示。

图 7-1　中房地产日 K 线图

操作要领如下：

（1）从股价缩量低开下挫来看：图中 D 位置的股价明显低开跌停，价格下跌速度很快，但是 A 位置显示的量能并未有效放大。

（2）从 MACD 指标表现强势来看：从 MACD 指标表现看，DIF 线依然在 0 轴线上方，这表明均线方面还未明显向下，该股的缩量下跌可以说是短线的买入机会。

（3）从价格很快放量反弹来看：在接下来的两个交易日中，成交量有效放大，庄家在很短的时间里抢筹成功。该股在触底后快速摆脱颓势，从价格低位算起的涨幅超过20%。

**总结：** 我们看到股价几个交易日的波动强度很大，价格运行在图中P位置的筹码峰内部。筹码规模很大，投资者的持仓成本全部聚集在此处。使得股价回调期间有大量买盘支撑股价。庄家短线打压股价不成，却成为拉升股价的主力。

## （二）抢筹期间买点分析

如果说相对高位出现了缩量低开下跌走势，我们短线买入股票还有一定风险，那么价格低位出现低开的情况，我们低价买入就容易盈利了。庄家在低价区倾向于抄底买入股票，使得股价会很容易出现技术性反弹走势。缩量低开下跌通常是资金实力不强的投资者卖出股票所致。而我们看到这种情况，就可以低价买进股票，以便在股价放量上涨期间盈利。

形态特征如下：

（1）低价区股价低开跌停：当股价经历明显缩量回调以后，价格已经处于低价区。这个时候，股价以低开跌停的形式出现回落，表明短线交易的投资者抛售股票，使得股价表现不佳。这个时候，低价跌停是我们抄底买入股票的绝佳时机。

（2）放量反弹阳线出现：低开跌停以后，股价以放量上涨的阳线收盘，一改股价弱势调整的局面。这表明，庄家已经对股价抱有信心，在价格低位抄底成为庄家优先的交易方式。

（3）股价加速放量回升：在量能有效放大的时候，我们看到股价放量走强。成交量明显放大至100日等量线以上，使得股价单边回升的趋势得到确认。

中房地产日K线图如图7-2所示。

操作要领如下：

（1）从低价区股价低开跌停来看：日K线图中价格在D位置低开跌停，这是低价区典型的洗盘动作。庄家利用资金优势快速打压股价，对投资者造成非常大的心理负担。同时，不坚定持股的投资者自然会在这个时候抛售股票，为庄家建仓提供筹码。

（2）从放量反弹阳线出现来看：图中F位置量能有效放大，使得股价很快以

图 7-2　中房地产日 K 线图

低开阳线反弹。该股价反弹速度很快，量能稳定在 100 日等量线上方，股价表现非常抢眼。

（3）从股价加速放量回升来看：随着量能有效放大，我们看到 Z 位置的涨停板大阳线已经出现。大阳线反弹从 P 位置的低点筹码峰开始，意味着该股已经在筹码峰下限获得强支撑。

**总结**：在价格低位区，虽然股价短线跌停，但是 H1 位置的 MACD 指标线回升趋势延续。我们认为弱势状态下容易出现这种跌停走势，庄家洗盘信号鲜明。利用洗盘达到低价买入股票的目标。洗盘后量能放大，庄家有更多的资金完成建仓动作，这有助于庄家提升盈利空间。

# 二、短线跳空拉升缺口

在低价区的股价反弹阶段，庄家抢筹动作直接影响了价格形态。如果庄家打算抢筹，股价会出现高开运行的情况。跳空高开意味着资金强势流入，庄家在股价跳空缺口出现的时候扮演了拉升股价的角色。

## （一）短线跳空拉升缺口形态

庄家拉升股价期间，由于资金量相对较大，对价格影响自然也比较大。跳空上涨是比较强势的价格表现，能够体现出庄家的操盘意图。特别是庄家认为价格合理，在集合竞价阶段就开始买入股票，那么我们认为这成为价格上涨的重要推动因素。

形态特征如下：

（1）价格跳空完成小阳线：价格跳空上涨期间，我们看到股价以小阳线收盘。庄家在价格低位开始买入股票，使得股价表现出非常强势的突破信号。这个时候，跳空上涨阳线成为我们追涨的重要形态。

（2）RSI 指标达 50 以上：当 RSI 指标达到 50 线以上的时候，表明跳空上涨的阳线已经成为股价走强的起始形态。指标向好，表明股价能够在接下来有更好的表现。

（3）价格达筹码峰上限：低位筹码峰是投资者非常重要的持仓成本区，股价跳空上涨并且回升到筹码峰以上，显示筹码获利率明显提升，这有助于股价走强。

新黄浦日 K 线图如图 7-3 所示。

**图 7-3  新黄浦日 K 线图**

操作要领如下：

（1）从价格跳空完成小阳线来看：图中 A 位置的阳线实体很小，但是股价跳空明显。F 位置的量能小幅放大，提示我们庄家主动拉升股价回升，这是价格开始走强的信号。

（2）从 RSI 指标达 50 以上来看：价格跳空上涨期间，RSI 指标在图中 R 位置回升至 50 线以上，这是比较有效的看涨信号。50 线是我们衡量 RSI 指标体现的多空状态的分界线，该指标首次达 50 线以上，表明价格已经进入回升趋势。

（3）从价格达筹码峰上限来看：股价跳空上涨的时候，价格同时达到 P 位置的筹码峰上限。这个时候，价格低位买入股票的投资者已经盈利，表明低位筹码峰将为价格上涨提供强支撑。

**总结**：在价格走强的起始阶段，庄家迫不及待地放量拉升股价，使得价格出现了跳空形态。跳空期间小阳线完成，我们追涨买入股票的机会出现。从 RSI 指标走强和价格达到筹码峰上方来看，庄家拉升股价上涨的趋势得到确认，我们买入股票可以获得收益。

## （二）跳空期间买点分析

跳空上涨阳线得到确认以后，我们认为是买入股票的信号。随着股价继续放量上涨，价格波动期间会有更明确的追涨机会出现。量能不断放大，我们会看到缺口位置的买点机会还会进一步确认。价格一旦回调至缺口位置，我们增加持股数量可以继续盈利。

形态特征如下：

（1）量能继续放大：当成交量延续放大趋势的时候，我们看到价格活跃度提升。在股价双向波动的过程中，庄家稳步操盘，交易机会还会出现。

（2）价格缺口处出现股价回调：一旦价格短线回调至跳空缺口，我们认为依然是买点。放量放大的价格回升趋势并未结束，回调便是抄底的信号。

（3）买点再次得到确认：价格不断回调缺口附近，我们可以有多次买入股票的交易机会。

新黄浦日 K 线图如图 7-4 所示。

**图7-4 新黄浦日K线图**

操作要领如下：

（1）从量能继续放大来看：F1位置的量能更大，表明庄家介入更加深入，该股活跃度明显提升。

（2）从价格缺口处出现股价回调来看：我们能够看到股价在B位置出现回调，一根阴线跌破了前期缺口位置，我们认为这是买入股票的交易机会。

（3）从买点再次得到确认来看：当F1位置量能有效放大以后，接下来价格冲高回落，第三次回调至缺口位置，图中E位置买点值得我们关注。

**总结：** 随着股价放量走强，跳空缺口虽然被跌破，价格回升趋势得到确认。图中R位置和R1位置中，RSI指标都已经回升到50线上方，表明价格强势依然延续下来。实际上，图中E位置对应的RSI指标也已经回升，同样提示我们买点信号。

# 三、低开洗盘打压缺口

在股价从高位回落期间，低开跌停的大阴线对价格趋势影响最大，跌停阴线能够在一个交易日内改变股价强势的运行状态，促使股价大幅下挫。这个时候，我们关注庄家洗盘打压缺口形态，同时可以等待价格回调到位的时候确认抄底机会。

## （一）低开洗盘打压缺口形态

随着回升趋势中量能不断萎缩，股价在高位区出现回调走势。价格回调期间，股价突然出现低开跌停的情况，这是庄家趁机洗盘的动作。由于股价下跌速度很快，缩量状态下的跌停板没有为投资者提供更多的高抛机会。在量能继续萎缩的时候，价格下跌趋势得到延续，庄家在波动行情中继续洗盘。

形态特征如下：

（1）股价缩量见顶：当股价缩量见顶以后，量能萎缩期间价格总会出现调整的情况。价格从高位回调，预示着回升趋势结束。

（2）阴线下跌缺口形成：跳空下跌的大阴线出现，是比较典型的价格下跌信号。跳空以后日 K 线图中表现为缺口形态，是庄家缩量打压股价的信号。缺口完成以后，价格在一段时间内都不会反弹至缺口以上的价位。

（3）RSI 指标跌破 50 线：RSI 指标与股价跳空下跌同步出现，提示我们庄家洗盘力度较大。指标跌至 50 线下方，证明股价短期将维持缩量运行态势，我们可以等待机会出现以后再考虑买入股票。

拓普集团日 K 线图如图 7-5 所示。

操作要领如下：

（1）从股价缩量见顶来看：图中 W 位置的量能萎缩趋势明显，就在量能萎缩期间，我们看到图中 Q1 位置的双阴线下跌出现。

（2）从阴线下跌缺口形成来看：双阴线形态出现以后，图中 Q1 位置的跳空缺口出现，该股以跳空下跌的方式完成了反转动作。缩量跌势得到延续。

**图 7-5　拓普集团日 K 线图**

（3）从 RSI 指标跌破 50 线来看：在股价见顶的同时，我们看到 RSI 指标在图中 R 位置处于低位，表明价格下跌已经不可避免。RSI 数值仅有 34，短线指标回升到 50 线上方的难度很大，庄家在这一波洗盘的动作还将持续。

**总结：**股价出现缩量跳空急跌缺口，价格在短时间内跌破了图中 P 位置筹码峰，表明庄家洗盘力度很大。我们可以等待地量低价出现的时候再考虑买入股票。

## （二）低开缺口买点分析

股价缩量下跌缺口出现以后，量能萎缩期间价格单边下跌。我们可以看到股价会经历明显的回落走势。这期间，散户短线抄底的技术性反弹也会出现，但是反弹高度不大。总体来看，庄家洗盘策略得当延续，在地量底部出现前股价都不会有明显的涨幅。

形态特征如下：

（1）股价继续缩量回落：量能萎缩的过程中，价格下跌趋势延续。股价虽然跌幅扩大，庄家缩量洗盘却没有结束的迹象。这期间，持股的投资者会出现明显的亏损。

（2）RSI 指标与股价背离：当股价继续下跌的时候，RSI 指标以股价出现背离形态，提示我们股价触底。

（3）地量底部出现：背离出现期间，我们看到量能达到地量状态，价格已经无法继续缩量，股价触底回升近在咫尺。

拓普集团日 K 线图如图 7-6 所示。

图 7-6　拓普集团日 K 线图

操作要领如下：

（1）从股价继续缩量回落来看：Q1 和 Q2 两个位置的缺口成为推动价格下跌的重要因素。量能在 W 位置明显萎缩，直到成交量低于 100 日等量线期间，股价依然没有企稳。

（2）从 RSI 指标与股价背离来看：我们看到股价下跌期间，RSI 指标从 R 位置反弹至 R1 位置，同期价格继续回落到 M 位置的低点。可见 RSI 指标与股价出现底部背离，这是股价下跌到位的信号。

（3）从地量底部出现来看：图中 M 位置对应的 D 位置的量能达到地量状态，说明量能无法继续萎缩，股价已经触底。图中的 M 位置已经是我们买入股票的机会。

**总结**：从最低的收盘价来看，股价已经在图中 M 位置触底。价格在地量出现和背离形态完成以后，下跌的空间已经没有。我们在 M 位置买入股票，等到价格回升到 G 位置高点时可以获利 75%。

# 四、高位出逃跳空缺口

庄家出逃期间，通常需要给散户创造追涨的条件。因为只有散户投资者追涨买入股票，才能为庄家提供减仓的可能。庄家持股数量大，如果没有足够多的散户追涨买入股票，显然不能完成出货动作。那么庄家拉升股价涨停的跳空缺口可以是出货信号。涨停以后散户高位追涨，恰好为庄家卖掉股票提供条件。

## （一）高位出逃跳空缺口形态

当股价经历暴跌走势以后，技术性反弹期间是庄家出逃的机会。但是如果庄家要大量出货，还必须有散户来接盘。在股价反弹上涨期间，庄家拉升股价开盘涨停，巨大的跳空缺口为散户投资者追涨提供了想象空间。一旦散户买入股票热情高涨，庄家自然能够放量出逃。

形态特征如下：

（1）股价从地量低点反弹：价格见顶回落期间，地量底部出现。股价正是从地量底部位置开始反弹，价格进入短期回升趋势中。

（2）诱多涨停缺口出现：诱多涨停缺口出现以后，我们能够看到股价轻松反弹至短线高位。价格在开盘期间已经涨停，这使得缺口非常显著地出现在日 K 线图里。看到涨停缺口的投资者多数都会积极参与股票交易。

（3）RSI 指标单边回升：RSI 指标进入单边回升状态，这期间，我们看到股价上行趋势得到确认，这对于庄家诱多拉升股价非常有益。散户投资者看到指标回升，买涨意愿就会增强。

长城汽车日 K 线图如图 7-7 所示。

操作要领如下：

（1）从股价从地量低点反弹来看：图中 D 位置的量能达到地量状态，地量触底以后开始逐步放量反弹。

图 7-7　长城汽车日 K 线图

（2）从诱多涨停缺口出现来看：在股价反弹期间，T 位置的放量涨停缺口值得关注。股价在开盘就已经涨停，日 K 线图中造成的缺口形态非常明显。仅从跳空涨停来看，也很容易让我们误认为是庄家拉升的动作。

（3）从 RSI 指标单边回升来看：与价格同步回升的过程相似，我们能够看到图中 R 位置的 RSI 指标单边上行，交易机会就出现在这个阶段。

**总结：** 对于庄家拉升股价跳空上涨的缺口，我们短线追涨可以盈利。考虑到量能的变化很快，如果量能达到天量的话，庄家出货信号可以体现出来，我们就可以考虑减少持股了。毕竟该股经历大跌走势以后套牢盘严重，即便是庄家也有被套牢的可能。

## （二）出逃缺口卖点分析

在跳空上涨的缺口出现以后，量能快速回升，成交量可以达到天量状态，那么庄家在这期间出逃就很容易了。随着天量顶部的出现，我们能够看到股价会出现缩量回调的走势，这很容易提示我们价格高位的卖点机会。

形态特征如下：

（1）RSI 指标两次出现顶部：当 RSI 指标两次见顶以后，我们能够看到指标已经提示我们股价进入顶部区，相应的高位抛售机会出现。我们减少持股可以应对价格走弱。

（2）天量顶部形成：庄家利用缺口来吸引投资者买入股票，天量出逃便是庄家减仓的信号。减仓股价滞涨，提示我们高抛机会。

（3）股价进入缩量跌势：如果减仓以后量能明显萎缩，并且缩量跌势得到延续，我们认为庄家出货后价格至少会跌至前期低点。

长城汽车日 K 线图如图 7-8 所示。

图 7-8　长城汽车日 K 线图

操作要领如下：

（1）从 RSI 指标两次出现顶部来看：R 位置和 R1 位置显示的 RSI 指标两次在 50 线上方见顶，表明价格上涨的趋势已经遇到阻力。指标见顶提示我们高抛交易机会形成。

（2）从天量顶部形成来看：图中 F1 位置量能明显超过 F 位置最大量能，达到天量状态。之后 T 位置的量能达到新的天量，股价分别在 T 位置和 G 位置出现见顶的特征。

（3）从股价进入缩量跌势来看：天量顶部出现以后，量能逐步萎缩并且低于

100 日等量线，我们看到股价下跌期间达到 D 位置的底部，这与前期低点对应价位一致。

**总结：** 涨停缺口出现以后，庄家已经达到诱多拉升的目标。接下来该股连续出现两次天量顶部，表明庄家已经卖掉手中股票。天量顶部是庄家出逃的信号，同时也是我们在价格高位卖掉股票的最后时机。

# 五、拉升诱多跳涨缺口

诱多拉升的缺口并非每次都是庄家出货的信号，如果价格表现强势，并且量能推动的大阳线涨停走势出现，我们很容易看到之后的价格飙升走势。股价在短时间内大幅度上涨，即便庄家为了出货，其间提供的追涨盈利机会也不容忽视。

## （一）拉升诱多跳涨缺口形态

庄家拉升股价诱多期间，价格出现了跳空上涨的涨停阳线。阳线实体很大，使得我们有理由相信庄家拉升股价意图明确。庄家希望股价短线加速走强，甚至价格出现连续涨停的情况，为接下来的出逃做好准备。因为价格在熊市期间跌幅已经很大，庄家不得不动用更多的资金制造涨停信号，为投资者追涨提供一些机会。

形态特征如下：

（1）量能快速放大至 100 日等量线上方：当成交量有效放大至 100 日等量线的时候，我们能够看到缩量下跌的弱势格局被快速改变。

（2）RSI 指标加速回升：放量期间 RSI 指标马上回升，并且达到近期以来的最高位，同样提示我们股价走强信号出现。

（3）价格脱离低位筹码峰：从筹码上看，涨停大阳线顺利突破低位区的筹码峰，这是持股投资者很快获得收益的信号。价格突破筹码峰，意味着股价上涨趋势得到确认，强势反弹即将出现。

中信重工日 K 线图如图 7-9 所示。

图 7-9 中信重工日 K 线图

操作要领如下：

（1）从量能快速放大至 100 日等量线上方来看：F 位置的量能放大非常明显，这是 4 个月以来首次如此高的量能表现，提示我们庄家正在强劲操盘。

（2）从 RSI 指标加速回升来看：图中 R 位置显示的 RSI 指标明显回升，并且达到近期以来的最高位。这表明，指标已经可以支撑价格上行。RSI 指标告别颓势，说明庄家操盘力度已经显著走强。

（3）从价格脱离低位筹码峰来看：图中 P 位置的筹码峰规模相对较大，Z 位置的大阳线涨停形态一次性突破该筹码峰。这样，低位持股的投资者很快处于盈利状态。投资者盈利以后，多方实力增强，价格活跃度还会提升。

**总结**：低价区的大阳线涨停是庄家有预谋的拉升动作，鉴于庄家拉升速度很快，即便是短线的行情，通常都值得我们追涨盈利。更何况该股在熊市中跌幅达75%，超跌的情况下，股价反弹符合庄家拉升出货意图。

## （二）诱多跳涨买点分析

庄家诱多拉升的涨停阳线有很大的欺骗性，但是大阳线体现的突破信号非常好，短线股价走强可以很容易从这个时候开始。因此，实战当中我们不能忽视这种短期行情的盈利机会。股价在局部行情中走强，追涨涨停阳线虽然比较困难，但是追涨后盈利空间可观。

形态特征如下：

（1）股价继续放量涨停：首次放量突破以后，放量涨停的价格走势得到延续，股价连续以4个涨停板结束弱势调整的局面。

（2）第4个交易日出现天量顶：由于股价累计涨幅可观，庄家在股价第4次涨停的时候天量出货。天量顶部提示我们高抛卖点。

（3）RSI指标超买提示卖点：我们观察RSI指标，会发现该指标在天量顶部出现的时候已经超买，那么天量顶部是比较可靠的顶部形态。同时，作为局部行情中的高抛机会，天量顶不容忽视。

中信重工日K线图如图7-10所示。

**图7-10　中信重工日K线图**

操作要领如下：

（1）从股价继续放量涨停来看：股价在Z位置放量涨停以后，该股连续出现4个涨停板，G位置的涨停板对应的量能达到天量。T位置的天量值得关注。我们认为庄家在股价大涨之后减仓迹象明显。

（2）从第4个交易日出现天量顶来看：T位置量能相当于前期涨停量能的3

倍以上，散户交易不会造成如此高的量能，我们认为这是庄家快速出货的体现。

（3）从 RSI 指标超买提示卖点来看：RSI 指标在 R1 位置达到 80 以上超买状态，指标已经无法再创新高，表明价格见顶。

**总结：** 从四个涨停板的价格表现看，庄家操盘力度很大，股价在连续涨停以后成功见顶，期间高抛交易机会在量能达天量期间出现。

# 六、最后一跌跳空杀跌缺口

在股价出现最后一跌的回调走势以后，我们认为是超短线买入股票的绝佳机会。随着股价大跌并且经历最后的跌停，技术性反弹走势一触即发。庄家很乐意看到股价继续跌停，因为只有这样才能在低价区买入股票。

## （一）最后一跌跳空杀跌缺口形态

实战当中，我们并不知道连续大跌以后何时会出现买点机会。但是如果股价连续多个交易日单边下跌，那么开盘跌停意味着成本进一步降低。我们有理由相信，随着股价快速回落，买入股价的成本降低，庄家也不会坐视不理。作为散户投资者，我们在跌停期间抢筹还是有必要的，而开盘跌停后股价反弹，将验证我们的判断。

形态特征如下：

（1）股价跌幅接近 50%：股价冲高回落以后，我们看到价格连续下跌接近50%。这个时候，如果股价继续走低，我们认为价格很可能完成最后一跌。特别是低开下跌的缺口出现以后，低价买点更容易出现。

（2）低位开盘跌停依然出现：价格开盘跌停是比较典型的跳空杀跌缺口，很容易成为大跌期间的价格触底信号。持股投资者不计成本地抛售股票，但是股价大幅折价，这个时候的买点机会不容忽视。

（3）技术性涨停阳线形成：技术性涨停阳线出现以后，这是逆转价格下跌趋势的形态。该形态出现在股价一字跌停以后，验证了我们对于股价触底的判断。我们把握好买点机会，就可以快速获得收益。

三江购物日 K 线图如图 7-11 所示。

图 7-11　三江购物日 K 线图

操作要领如下：

（1）从股价跌幅接近 50% 来看：三江购物股价从高位 G 位置开始缩量下跌，到图中 A 位置 7.62 元的跌停价位，该股跌幅超过 50%。

（2）从低位开盘跌停依然出现来看：A 位置的一字跌停板是不同于前期阴线下跌的 K 线形态的，这一次是开盘跌停，并且盘中股价并未脱离跌停价位。这表明，投资者对该股后市表现非常失望，但是跌停以后股价再一次大幅下挫，这期间的买入成本明显降低。

（3）从技术性涨停阳线形成来看：一字跌停以后该股放量涨停，图中 D 位置现实的量能突破 100 日等量线，提示我们该股完成触底过程。

**总结：**价格单边下跌期间，我们看到 RSI 指标从超买位置单边回落至 R 位置。R 位置指标数值为 25.6，接近超卖状态。这表明，股价在指标即将超卖的时候依然开盘跌停，显示出悲观气氛浓重。而庄家不会被这种情况吓倒，跌停为庄家提供了介入机会。

## （二）最后一跌买点分析

最后一跌期间，股价一字跌停为庄家提供了抄底的交易机会。在投资者单边看跌的情况下，庄家放量买入股票并且拉升涨停，使得价格快速逆转了跌势。我们作为散户投资者，关注价格跌停走势，可以在跌停期间就买入股票。随着反弹走势的形成，技术性反弹期间的盈利机会得到确认。

形态特征如下：

（1）股价从一字跌停板反弹：一字跌停板出现以后，价格累计跌幅较大，使得庄家主动抢筹买入股票。这个时候，反弹走势出现在跌停以后。

（2）价格放量脱离价格底部：价格以连续放量上涨的形式脱离价格底部，这是技术性反弹的典型看点。随着一字跌停板后股价开始回升，我们持股的盈利机会也得到体现。

（3）技术性反弹第二次形成：股价大跌后出现反弹，相似的价位反弹可以出现两次。首次反弹结束以后，投资者已经在低位买入股票，当股价二次回落的时候，买入股票的投资者成为稳定股价的中坚力量，技术性反弹走势会再次形成。

三江购物日 K 线图如图 7-12 所示。

**图 7-12　三江购物日 K 线图**

操作要领如下：

（1）从股价从一字跌停板反弹来看：A 位置的一字跌停后股价出现大阳线涨停，价格很快完成了三连涨停的形态，推动反弹深入展开。

（2）从价格放量脱离价格底部来看：在股价反弹期间量能有效放大，股价从 A 位置反弹至 G1 位置的高点，涨幅高达 60%。

（3）从技术性反弹第二次形成来看：该股前期跌幅超过 50%，首次反弹结束以后，我们能够看到价格在 M 位置第二次触底，这是二次反弹的买点交易机会。

**总结：** 虽然股价在反弹期间冲高回落，但是 RSI 指标已经在 R1 位置触底。技术性反弹走势的买点出现在相似的价格低点。我们可以在图中 M 位置确认二次建仓机会，买入股票并且获得收益。

# 七、最后诱多跳空涨停缺口

股价大幅放量上涨的时候，庄家要短线出货，成交量放大是非常有必要的。没有足够的量能，价格很难在短时间内见顶。而股价放量前，庄家拉升股价涨停，诱使散户投资者主动买入股票。这个时候，庄家趁机大量卖掉股票，使得量能达到天量状态。天量见顶的价格形态成为高抛卖点。

## （一）最后诱多跳空涨停缺口形态

在价格飙升空间较大的时候，牛市出现见顶的迹象。而价格高位区的跳空涨停便是股价见顶的信号。庄家虽然实力很强，但是对于价格高位的买入也会非常谨慎。以高开涨停的形式拉升股价，这并不符合庄家的操盘理念。但是股价已经跳空涨停，这说明庄家在最后一次放量拉升股价。等待散户投资者追涨买入股票以后，天量顶部形成。

形态特征如下：

（1）**股价经历翻倍涨幅：** 价格放量上涨并且已经翻倍的时候，表明股价在牛市中表现理想。这个时候，庄家和散户投资者盈利都很丰厚，庄家考虑价格高位出货的可能性很大。

（2）价格高位天量涨停板顶部出现：以跳空形式上涨，并且封死涨停价的大阳线形态出现以后，我们能够看到庄家的诱多拉升动作出现。天量成交表明散户投资者高位追涨，庄家出逃后价格将见顶。

（3）涨停以后低开见顶：由于庄家在价格高位诱多，涨停期间 RSI 指标已经出现背离。同时，涨停后第二个交易日股价缩量低开，提示我们股价成功见顶。

中国西电日 K 线图如图 7-13 所示。

图 7-13　中国西电日 K 线图

操作要领如下：

（1）从股价经历翻倍涨幅来看：从价格低点 D 位置开始的回升趋势中，股价涨幅超过 100%，最高已达 12 元以上。

（2）从价格高位天量涨停板顶部出现来看：图中 A 位置的天量涨停板值得我们关注，该涨停板以跳空形式出现，虽然出现明显的缺口，但是量能也达到天量。庄家在股价涨停期间大肆出货，见顶迹象非常明显。

（3）从涨停以后低开见顶来看：股价涨停期间 RSI 指标已经从 R 位置回落至 R1 位置，指标与股价高位背离。与此同时，涨停以后价格缩量低开，更加确认了顶部特征。

**总结**：在庄家高位诱多拉升期间，价格形态上表现为跳空缺口，但是 T 位置的天量量能和 R1 位置的指标背离提示我们庄家已经在出货。第二个交易日股价低开以后，缩量期间我们最佳的卖点已经出现。

## （二）诱多缺口卖点分析

诱多缺口是比较典型的急速上涨形态，缺口出现之时股价高开上涨，对于打算买入股票的投资者而言，只有追涨才能获得筹码。这样一来，在散户投资者追涨买入股票的过程中，庄家就达到了诱多拉升的目标。对于卖点，我们看到股价涨停以后量能开始萎缩，价格走势较弱。涨停之后的一周内都存在减仓的交易机会。

形态特征如下：

（1）股价天量见顶：天量见顶的时候，我们首次确认了股价顶部。如果我们还没有减少持股，那么接下来的交易日中可以减少持股。

（2）缩量横盘形态出现：价格在天量见顶以后出现横盘的情况，横盘期间量能萎缩，股价走势较弱，这与天量涨停形成鲜明对比。

（3）RSI 指标继续走低：我们看到股价涨停期间 RSI 指标已经与股价高位背离。在缩量运行的时候，RSI 指标继续回落，这是股价见顶的信号。

中国西电日 K 线图如图 7-14 所示。

**图 7-14　中国西电日 K 线图**

操作要领如下：

（1）从股价天量见顶来看：我们看到股价在 A 位置天量见顶。价格见顶的位置明显是历史高位，庄家在天量状态下完成了出货动作。

（2）从缩量横盘形态出现来看：天量顶部出现以后，该股进入缩量横盘状态。图中 G 位置价格波动强度很大，同时对应的 F 位置量能小幅放大，提示我们筹码快速换手，这是庄家再次出逃后的卖点机会。

（3）从 RSI 指标继续走低来看：股价在 G 位置波动较强，同时 RSI 指标在 R2 位置继续回调。指标走弱表明价格难有更好的表现，G 位置的卖点不容错过。

**总结**：从该股见顶过程来看，庄家诱多拉升后价格见顶速度很快。如果我们已经看到庄家的诱多拉升缺口，并且在涨停阳线收盘前确认庄家抛售股票，就可以早一些卖掉股票，避免在下跌趋势中亏损。

# 第八章 庄家操盘成果展示

在庄家操盘期间，价格运行总会按照庄家的意图发展。典型的洗盘形态、连续大涨的拉升形态都是庄家操盘的成果。庄家操盘的目标只有一个，那就是在持股的情况下拉升股价盈利，并且在股价涨幅达到目标价以后兑现收益。庄家操盘的价格形态是我们关注的重点，是我们提升盈利必须引以为戒的形态特征。如果我们在庄家操盘期间把握好交易机会，就不会在庄家操盘结束以后懊悔。从庄家操盘的一些细小的端倪来挖掘交易信号，为接下来将要出现的价格形态做好应对准备，这样我们会更加适应庄家的操盘过程，更能够在庄家操盘期间盈利。

## 一、庄家操盘的局部三角形形态

通常，三角形是价格波动逐步收窄的形态。该形态如果持续时间较短，那么可以是股价上涨前的调整形态。庄家操盘的过程中，三角形完成以后可以支撑价格上涨。如果股价高位下跌，三角形形态可以是股价跌幅收窄的形态。在价格波动空间减弱的过程中，三角形形态中的价格波动收窄，交易机会逐步减少。

### （一）操盘期间的三角形形态特征

鉴于庄家操盘力度不同，在不同交易时段的庄家操盘期间，会出现量能不均匀分布的情况。从价格低位开始的反弹走势中，成交量能够明显放大。而从三角形上限回落的时候，我们会看到量能逐步萎缩。

形态特征如下：

（1）价格经历暴跌走势：我们看到股价成功见顶以后，下跌期间价格跌幅超过 50%，这还是对牛市行情非常大的调整走势。

（2）技术性反弹未空间有限：在技术性反弹期间，价格上涨空间并不会达到最高价。特别是在量能萎缩情况下，股价反弹至前期高位以前就会出现反转走势。

（3）缩量三角形出现：在调整期间，量能萎缩趋势短时间内都不会结束，而在股价弱势调整的局面中，三角形形态逐步完成。

中航地产日 K 线图如图 8-1 所示。

图 8-1　中航地产日 K 线图

操作要领如下：

（1）从价格经历暴跌走势来看：股价从 A 位置高点下跌至 B 位置的底部，暴跌达 55%，表明该股的牛市行情已经结束。

（2）从技术性反弹未空间有限来看：首次技术性反弹期间，价格反弹并未达到 A 位置的高点，表明庄家无疑拉升股价继续大涨。

（3）从缩量三角形出现来看：我们看到量能在 M 位置和 M1 位置短线放大，总体量能处于萎缩状态。价格震荡下跌至 C 位置低点的时候，规模庞大的三角形形态出现。

**总结：**告别牛市以后，熊市当中庄家操盘力度不断较弱。随着量能逐步萎缩，我们能够看到价格波动空间不断收窄。最后，庄家操盘力度减弱的三角形形态出现。

## （二）三角形内部的买卖机会

在量能萎缩的过程中，虽然股价波动空间收窄，但是交易机会依然存在。股价从三角形下限反弹，最高能够达到三角形上限。价格双向震荡的时候，高抛和低吸的买卖机会自然会出现。

形态特征如下：

（1）RSI 指标频繁见顶提示卖点：当股价震荡走低的时候，在三角形调整形态中，我们能够看到历次价格见顶之时，RSI 指标的冲高回落都提示我们高抛卖点。

（2）三角形下限是低吸交易机会：三角形下限是下跌趋势中的支撑价位，同时也是我们抄底买入股票的交易机会。从三角形下限开始，股价出现反弹走势的情况很多。既然有利可图，我们在低位买入股票就是不错的盈利点。

中航地产日 K 线图如图 8-2 所示。

**图 8-2　中航地产日 K 线图**

操作要领如下：

（1）从 RSI 指标频繁见顶提示卖点来看：我们能够看到 RSI 指标在 R1 位置、R2 位置、R3 位置出现了顶部形态，同时股价在三角形上限见顶。这样的交易机会不断出现，使得我们能够把握住最佳的卖点。

（2）从三角形下限是低吸交易机会来看：股价在三角形下限 BC 这条线出现反弹，反弹次数四次以上。既然我们预期股价在缩量中完成三角形形态，那么价格接近三角形下限的时候，我们就可以低价抄底了。

**总结：** 熊市当中庄家操盘力度不断减弱，这期间价格反弹强度也在收缩。不过，在三角形调整完成前，我们高抛低吸的交易机会始终存在。确保在三角形的下限买入，在三角形上限卖出，我们就能够获得收益。

# 二、庄家操盘的深度 U 形形态

在 U 形反转走势中，我们能够看到股价首先经历加速回落，这期间庄家首先快速抛售股票，使得股价进入单边下跌趋势。在资金加速出逃的时候，股价下跌速度加快。价格跌幅到一定程度时，出现技术性反弹走势，这是少量资金介入后的反弹。虽然股价单边回升，但是上涨空间不会很高。

## （一）操盘期间的 U 形形态特征

在股价下跌阶段，U 形态的反转走势是技术性反弹的一部分，通常该形态提供了短线的盈利机会。由于庄家介入不深，价格上涨空间也会受到限制。

形态特征如下：

（1）庄家天量加速出货：在价格回落阶段，庄家加速出货的时候，天量量能出现。天量见顶的价格形态以后，下跌趋势再次加强。

（2）股价下跌速度加快：在庄家天量出货以后，股价下跌速度加快，我们能够看到价格会经历缩量加速下跌的阶段。

（3）技术性的 U 形底部形成：技术性反弹期间的 U 形底部出现，这是比较典型的底部形态。我们能够根据 U 形底部确认短线买点，以便在反弹期间盈利。

中国天楹日 K 线图如图 8-3 所示。

图 8-3　中国天楹日 K 线图

操作要领如下：

（1）从庄家天量加速出货来看：我们看到股价下跌期间，图中 T 位置量能达到天量状态，这是庄家加速出逃的信号。

（2）从股价下跌速度加快来看：当庄家加速出逃以后，我们看到该股连续杀跌至 U 位置的低点。显然，散户投资者不能支撑价格，使得股价出现了明显的缩量下跌走势。

（3）从技术性的 U 形底部形成来看：量能萎缩至 D 位置的时候，成交量已经达到最低点。同时，MACD 指标的 DIF 线在 T 位置与 DEA 线相交，提示我们指标走强。

**总结：** 在下跌趋势中，庄家在天量阴线出现的时候加速出逃，使得股价下跌节奏加快。股价快速探底的时候，庄家并未放量买入股票。量能虽然少量放大，依然为价格企稳提供可能。

## （二）U 形内部的买点机会

在 U 形底部中，我们能够确认的低价买点出现在股价缩量触底之时。这个时候，指标短线企稳，提示我们价格继续下跌空间收窄。把握好低价区的买点非常重要，使得我们能够在价格走强前获得收益。

形态特征如下：

（1）低价区出现反弹阳线：当低价区出现反弹阳线形态的时候，我们能够看到价格开始触底回升。这个时候，价格形态上体现的看涨信号可以得到确认。

（2）MACD 指标出现金叉：MACD 指标在 0 轴线下方出现金叉。由于价格处于下跌趋势，即便是 0 轴线下方的 MACD 指标的金叉形态，也能够提示我们买点机会。

（3）U 形底部得到确认：股价加速下跌以后，低价区出现的 U 形态底部得到确认。我们可以在 U 形底部出现的时候买入股票，在量能小幅放大的过程中，同样能够获得投资收益。

中国天楹日 K 线图如图 8-4。

图 8-4　中国天楹日 K 线图

操作要领如下：

（1）从低价区出现反弹阳线来看：图中 M 位置的反弹阳线出现以后，低价区的价格已经出现企稳迹象。M 位置的阳线以跳空的形式出现，表明庄家拉升股价的意图明确。

（2）从 MACD 指标出现金叉来看：图中显示的 MACD 指标在 T 位置完成金叉形态，表明均线向下发散的趋势消失，股价进入反弹阶段。

（3）从 U 形底部得到确认来看：U 形态底部得到确认以后，我们的建仓机会出现在 M 位置。价格反弹期间，短线的投资收益可以达 27%。

**总结**：U 形反转形态中，价格底部虽然不是平的，但是我们依然能够明显发现 U 形底部的出现。随着量能达到地量，MACD 指标开始低位走强，我们借助高开阳线来确认买入股票的机会，能获得不错的收益。

# 三、庄家操盘的菱形震荡形态

在比较长的操盘时间段内，庄家操盘期间的过程中可以出现菱形形态。该形态中，价格波动由弱到强，最后波动逐步减弱。从量能上看，我们能够看到价格波动空间越大的时候量能越高。可见，庄家在菱形形态出现的时候起到了明显的推动作用。

## （一）操盘期间的菱形形态特征

在菱形形态中，我们能够看到该形态明显分为两个部分，扩大的三角形形态和收缩的三角形形态。扩大的三角形形态中，波动空间不断提升，收缩的三角形中，价格波动空间不断收窄。

形态特征如下：

（1）菱形出现前浮筹指标处于高位：在菱形形态出现前，我们会看到浮筹指标已经处于高位运行。价格处于回升趋势，会在某个位置放量脱离高浮筹区域，推动菱形形态出现。

（2）价格脱离高浮筹区域：当股价脱离高浮筹区域以后，我们会看到量能有效放大，庄家开始拉升股价上涨。

（3）菱形震荡逐步展开：考虑到股价累计涨幅过大，宽幅震荡的情况不可避免。就在股价涨幅过高的时候，菱形震荡逐步展开。

动力源日 K 线图如图 8-5 所示。

图 8-5　动力源日 K 线图

操作要领如下：

（1）从菱形出现前浮筹指标处于高位来看：图中 R 位置显示的 ASR 指标处于 90 以上。该指标稳定运行在高位，避免价格处于高浮筹区域。

（2）从价格脱离高浮筹区域来看：当股价放量上涨的时候，我们看到股价从 B 位置开始走强，价格飙升至最高价 G 位置。在这个过程中，股价已经脱离高浮筹区域。

（3）从菱形震荡逐步展开来看：股价脱离高浮筹区域的过程中，便是菱形震荡形成的过程。图中显示的从 B 位置到 G 位置和从 G 位置到 D 位置的价格波动空间较大，期间的交易机会也比较多。

**总结：** 在价格处于高位的时候，其实也是股价震荡空间比较大的阶段。庄家虽然在高价区操盘，但是也很容易在高位出货。那么股价宽幅震荡的过程中，庄家会高抛低吸买卖股票，使得菱形形态出现。

## （二）菱形内部的买卖机会

由于菱形形态中价格波动强度很高，我们很容易发现高抛和低吸的交易机会。菱形上限，是股价见顶的价位，同时也是我们选择卖出股票的价位。同时，价格回调至菱形下限，买点也会出现。

形态特征如下：

（1）菱形下限可低吸：在菱形形态中，价格波动强度扩大的时候，菱形下限提供了较好的买点。若能在菱形下限买入股票，那么我们的盈利空间将很大。

（2）菱形上限高抛见顶：股价见顶菱形形态上限，表明价格波动空间将会收窄。在菱形形态进入波动收窄的阶段以后，我们精确地把握菱形上限卖点，可以有效地减少持股风险。

动力源日 K 线图如图 8-6 所示。

图 8-6　动力源日 K 线图

操作要领如下：

（1）从菱形下限可低吸来看：价格波动强度扩大前，图中 B 位置和 A 位置都是菱形下限的重要买点。同时，价格波动空间收窄的过程中，M 位置和 M1 位置的买点不容忽视。

（2）从菱形上限高抛见顶来看：股价在 G 位置反转见顶，是菱形形态最高位卖点。当股价见顶下跌以后，震荡期间还会出现 N 位置和 N1 位置的高抛交易机会。

**总结**：在整个菱形形态中，庄家操盘由弱到强，最后到弱。浮筹指标从高位下跌后，最终还是在 R1 位置达到高位。这还是浮筹高位运行，价格长期震荡后图中到位的结果。期间价格双向波动空间很大，我们有机会高抛低吸获利。

# 四、庄家操盘的弱势矩形形态

在股价调整期间，我们能够看到明显的缩量下跌走势出现。股价缩量下跌以后，量能达到地量状态，这个时候庄家操盘力度不大，价格波动收窄。我们能够看到价格在低位出现矩形调整的情况，这是庄家拉升股价前的洗盘形态。

## （一）操盘期间的矩形形态特征

如果是小规模的矩形调整，那么价格波动空间有限，短线买入股票后的盈利空间不大。股价反弹高度与量能萎缩有关，价格总体涨幅不足以为投资者提供交易机会。这个时候，我们需要等待股价脱离矩形底部的时候才能获得收益。在矩形调整的过程中，我们可以在矩形底部买入股票，等待行情出现的时候盈利。

形态特征如下：

（1）股价经历放量杀跌走势：价格经历暴跌走势，庄家和散户都在出逃，使得股价出现放量杀跌的情况。

（2）价格低位价格企稳：当股价在低位企稳后，技术性的反弹走势就会出现。这期间，场外投资者对股价关注度还不高，庄家拉升股价还需经过调整才行。

（3）缩量矩形调整出现：在价格调整期间，量能并不大，股价呈现出缩量运行状态。缩量时间增加的过程中，矩形形态也就完成了。

ST 生化日 K 线图如图 8-7 所示。

操作要领如下：

（1）从股价经历放量杀跌走势来看：图中价格从高位下跌以后，量能得到释放，股价很快从 23 元高位跌至 18 元的低点。

（2）从价格低位价格企稳来看：在量能萎缩以后，股价出现反弹走势。A 位置的成交量明显低于 100 日等量线，使得股价只能在低位横盘运行。

图 8-7 ST 生化日 K 线图

（3）从缩量矩形调整出现来看：我们看到股价在图中 A 位置量能萎缩，期间成交量并未有效放大，股价在低位出现矩形形态。图中 RSI 指标在 J 位置的矩形也提示我们，股价走势横盘，短线还未出现突破。

**总结**：经历下跌走势以后，价格在低位区出现矩形形态的横盘走势。横盘时间不长，但是交易机会不容错过。

## （二）矩形内部的买点机会

价格虽然按照矩形形态运行，但是股价波动空间不大。作为下跌以后的调整形态，矩形形态的下限便是买点机会。股价经历下跌走势以后已经止跌，我们持股等待股价放量反弹之时便可盈利。

形态特征如下：

（1）股价放量突破矩形形态：当股价放量突破矩形形态以后，我们能够看到价格正在走强。这个时候，若能把握好买点机会，我们的盈利会快速提升。

（2）量能达到 100 日等量线上方：当量能达到 100 日等量线以上的时候，我们看到成交量有效放大，价格上涨的趋势得到增强。

（3）股价涨幅很快扩大：股价涨幅扩大，矩形形态成为支撑股价上涨的重要形态。

ST 生化日 K 线图如图 8-8 所示。

图 8-8　ST 生化日 K 线图

操作要领如下：

（1）从股价放量突破矩形形态来看：图中 Y 位置的价格表现强势，股价以涨幅连续扩大的阳线完成反弹走势。价格上涨速度很快，而我们的追涨机会就出现在这个时候。

（2）从量能达到 100 日等量线上方来看：图中 B 位置的量能显著高于 100 日等量线，这表明庄家已经主动买入股票。在庄家介入的情况下，该股活跃度快速提升。

（3）从股价涨幅很快扩大来看：从股价脱离低位区的矩形以后，我们看到股价涨幅达到前期高位。价格从矩形形态对应的 18 元飙升至 25 元高位，涨幅高达 38%。

**总结**：低价区的矩形形态中，买点机会很低，是庄家拉升股价前总要的建仓价位。矩形形态中价格波动空间不大，量能萎缩限制了价格涨幅，这期间我们可以利用稳定的价格波动买入股票。

# 五、庄家操盘的局部尖底形态

尖底形态中，价格下跌速度很快，而技术性反弹以后股价回升效率很高。通常，我们能够在尖底形态的最低点看到明确的触底信号，把握好买点机会，我们能够在价格回升期间盈利。

## （一）操盘期间的尖底形态特征

当股价放量见顶以后，价格下跌期间量能逐渐萎缩，下跌趋势在比较长的时间段里延续。量能越小，价格下跌趋势越不容易逆转。特别是股价在低价区出现加速杀跌走势以后，我们看到价格低位区会出现单边下跌的情况。确保在低价区反弹的过程中持股，我们可以获得较高的收益。

形态特征如下：

（1）股价天量见顶：当股价以天量见顶以后，庄家已经大量卖掉股票，股价单边下跌趋势很快形成。

（2）价格以缩量状态不断杀跌：在量能萎缩的过程中，股价下跌趋势得到延续。随着跌幅的不断扩大，股价即将盈利底部形态。

（3）黑三兵提示地量底部出现：通常，价格在低位区出现了黑三兵的价格形态，这是价格触底前的探底形态，我们可以把握该形态提供的抄底机会。

深赤湾 A 日 K 线图如图 8-9 所示。

图 8-9　深赤湾 A 日 K 线图

操作要领如下：

（1）从股价天量见顶来看：图中 T 位置的量能达到天量，表明庄家在价格高位快速出逃，使得股价进入单边下跌的趋势中。

（2）从价格以缩量状态不断杀跌来看：量能不断萎缩的时候，我们能看到股价单边下跌趋势非常明显。成交量明显低于 100 日等量线，下跌趋势短时间内都没有结束的迹象。

（3）从黑三兵提示地量底部出现来看：图中 D 位置的量能已经达到地量，同时黑三兵形态出现在这个位置。这表明，股价累计大跌 50% 以后，黑三兵提示的底部已经出现。

**总结：**我们看到股价虽然出现黑三兵形态，同期 RSI 指标在 R 位置背离回升，这是验证股价触底的又一个重要信号。可见，黑三兵提示的买点机会不容错过。

## （二）尖底提供的买点机会

在尖底形态得到确认的过程中，我们会发现价格反弹的效率很高。当股价从低位反弹，并且即将完成红三兵形态的时候，我们可以确认买点机会。价格反弹效率很高，红三兵出现以后，提示我们形态上的尖底已经出现，随着价格反弹走势继续展开，我们能够看到股价涨幅会不断扩大。

形态特征如下：

（1）价格连续3个交易日反弹：当股价连续3个交易日反弹的时候，我们能够看到股价正在走强。这期间，买点机会出现在价格反弹的过程中。

（2）盘口价格表现强势的买点出现：从盘口来看，股价高开以后回升。如果股价正在完成红三兵的K线形态，我们可以把握好盘口的买点机会。

深赤湾A日K线图如图8-10所示。

图8-10　深赤湾A日K线图

操作要领如下：

（1）从价格连续3个交易日反弹来看：图中显示的价格低位的反弹走势形成，股价连续3个交易日反弹。图中F位置小幅放大，推动价格摆脱跌势。

（2）从盘口价格表现强势的买点出现来看：股价第二个交易日的盘口表现强势，图中股价高开后单边回升，M位置的追涨机会不容错过。

**总结：**该股从地量状态下反弹以后，价格上的表现值得我们关注。低位连续出现3根阳线，这是比较典型的反转走势。股价反弹效率很高，一旦我们把握好追涨机会，期间短线盈利高达50%。

# 六、庄家操盘的局部尖顶形态

在尖顶反转形态中，庄家操盘期间价格涨幅较大，这是资金流入的结果。由于股价单边上涨期间并未出现明显的调整，当股价放量见顶以后，资金出逃速度也很快。价格以尖顶的形式冲高回落，提示我们高抛机会出现。

## （一）操盘期间的尖顶形态特征

尖顶反转形态中，我们能够看到股价放量见顶前经历了单边上涨的走势。见顶以后，股价单边下跌。股价见顶回落的速度很快，使得我们如果没能在见顶以后快速出逃，前期获得的收益将很快缩水。

形态特征如下：

（1）股价单边回升：价格单边回升期间，我们看到股价涨幅不断扩大。随着庄家操盘力度提升，获利盘也在增加，抛售压力不断提高。

（2）放量顶部出现：当股价出现放量顶部的时候，预示着局部反弹走势中庄家操盘达到最大力度，股价将迎来反转走势。

（3）RSI 指标超买见顶：在股价放量见顶的时候，我们能够看到 RSI 指标超买的高抛信号出现。指标超买见顶，表明股价已经完成顶部形态。

鄂武商 A 日 K 线图如图 8-11 所示。

图 8-11　鄂武商 A 日 K 线图

操作要领如下：

（1）从股价单边回升来看：价格在放量回升期间，股价涨幅达到 A 位置高点前，该股经历了单边回升的走势。

（2）从放量顶部出现来看：图中 T 位置量能有效放大，提示我们股价在高位已经成功见顶。特别是低开阴线反转以后，该股短线表现不佳。

（3）从 RSI 指标超买见顶来看：在股价见顶的时候，RSI 指标在 80 以上的超买位置见顶，这是非常典型的顶部反转信号。

**总结：**当股价放量见顶以后，我们能够看到单边回升趋势中价格难得一见的反转走势出现。这个时候，把握好高抛卖点非常重要，使得我们能够在价格加速回落前减少持股。

## （二）尖顶内部的卖点机会

股价以尖顶形式反转的时候，价格回落的速度很快。从盘口来看，股价出现低开放量下跌的情况，这是确认尖顶反转的最有效手段。我们可以在盘口股价低开杀跌的时候减少持股。随着股价跌幅扩大，低开阴线提示的卖点会得到验证。

形态特征如下：

（1）股价放量低开：当股价放量低开以后，我们能够看到盘口股价已经在加速下跌。技术性的反弹走势并未出现，使得我们确认价格开始下跌。

（2）RSI指标在80上方见顶：日K线图中RSI指标在80以上见顶，意味着指标超买后开始回调，同样提示我们尖顶形态出现。

（3）黑三兵确认反转：黑三兵形态在日K线图中出现，这是检验股价见顶的典型形态。

鄂武商A日K线图如图8-12所示。

图8-12　鄂武商A日K线图

操作要领如下：

（1）从股价放量低开来看：我们看到盘口股价低开运行，量能在F位置出现非常明显的放量迹象。随着股价跌幅扩大，我们认为庄家正在放量出逃。开盘后半小时内，我们可以看到M位置的高位卖点机会。

（2）从RSI指标在80上方见顶来看：股价低开的时候，RSI指标已经在R位置表现为见顶形态。指标在80以上见顶，说明指标超买后开始回调，这提示我们股价已经快速见顶。

（3）从黑三兵确认反转来看：日K线图中A位置股价出现低开下跌阴线以

后，黑三兵 K 线形态很快得到确认。价格在高位出现连续 3 根阴线，这是股价加速回落的信号。

**总结：**在股价连续上涨以后，突如其来的低开下跌阴线改变了价格运行节奏。与此同时，量能放大、指标见顶都是提示我们股价反转。价格反转速度很快，意味着股价进入尖顶反转状态，高抛的卖点值得关注。

# 七、庄家操盘的一字板形态

在股价走强的时候，我们经常会忽视一字板的量能表现。实际上，一字板出现以后，我们认为量能是最高的阶段。因为开盘量能达到天量，足以稳住抛售压力，才使得股价顺利涨停。这期间，庄家动用的资金很大，却没有体现在日 K 线图中。一字板的出现，体现了庄家抢筹操盘的意图，是价格加速上涨的信号。

## （一）操盘期间的一字板形态特征

一字板出现在价格回升期间，表明庄家有意拉升股价，实际上拉升股价的速度很快，短线没有给散户投资者更多追涨机会。一字涨停板以后，考虑到追涨的买盘强大，接下来的量能可以快速达到天量涨停，这是典型的看涨信号。

形态特征如下：

（1）股价出现 3 连阳线：价格低位出现连续 3 根阳线，意味着股价摆脱了颓势，提示价格已经触底回升。

（2）一字板出现：一字板出现在 3 连阳线以后，这是庄家急切操盘的结果。庄家想要利用资金优势拉升股价诱多，一字板形态不容忽视。

（3）RSI 突破 50 线：RSI 指标顺利突破了 50 线，意味着后期开始好转。指标向好，提示我们持股盈利的机会形成，这期间的一字板发挥了很大作用。

金鹰股份日 K 线图如图 8-13 所示。

图 8-13　金鹰股份日 K 线图

操作要领如下：

（1）从股价出现 3 连阳线来看：3 根阳线形态出现以后，股价反弹得到确认。价格在 3 连阳线期间涨幅较大，这是行情开始的信号。

（2）从一字板出现来看：我们看到股价在 Y 位置一字涨停，这表明庄家操盘力度很大，使得股价很快突破压力位。一字涨停板收盘在短线高位以上，这种突破非常有效。

（3）从 RSI 突破 50 线来看：价格突破短线高位的时候，RSI 指标突破 50 线回升，表明该股弱势表现出现改变。

**总结：**在反弹阶段，庄家拉升股价并不困难，只要庄家操盘意图明确，股价就可以出现一字板的突破信号。该价格低位快速反弹期间，一字板正是在股价加速回升期间出现。如果我们没机会持有股票，那么一字板完成以后接下来的追涨机会不容错过。

## （二）一字板形态的买点机会

一字板形态出现以后，当然，我们可以挂单在涨停价买入股票，但是成交概率很低。接下来的交易日中，我们在股价打开涨停板的时候买入股票，这期间持股依然能够获得短线收益。实际上，一字板提供的支撑很强，短线看股价能够在一字板上方强势运行。

形态特征如下：

（1）一字板打开可追涨：一字板涨停的第二个交易日，我们能够看到股价虽然涨停开盘，却在盘中打开涨停板。而买点就出现在涨停板打开的时候。

（2）天量K线出现：一字板出现以后，股价在第二个交易日打开涨停板，相应的量能达到天量状态。天量量能期间筹码换手速度很快，股价进入强势运行状态。

（3）价格很快完成波段行情：波段行情中股价出现天量量能，价格上涨短时间还不会结束。在量能明显低于100日等量线前，我们持股都可以获得收益。

金鹰股份日K线图如图8-14所示。

**图8-14　金鹰股份日K线图**

操作要领如下：

（1）从一字板打开可追涨来看：图中Y位置的一字板以后，该股以T字形态继续涨停。T字形态的出现，表明股价已经在盘中打开涨停板，我们有机会买入该股。

（2）从天量 K 线出现来看：T 位置的天量量能出现的时候，我们认为股价走势已经很强势。投资者追涨热情高涨，使得天量能够出现，接下来该股上涨趋势不会短时间结束。

（3）从价格很快完成波段行情来看：我们看到 T 形涨停 K 线出现以后，该股又一次涨停。价格表现抢眼，成交量维持在远离 100 日等量线的高位运行，这是股价大幅上涨的推动因素。

**总结：** Z 位置的 T 形涨停 K 线出现以后，我们看到股价第三次涨停。量能明显高于 100 日等量线，天量量能出现之时换手率更是高达 24%，使得我们相信该股短线的强势能够创造很好的盈利条件。

# 八、庄家操盘的连续涨停大阳线形态

在价格缩量运行期间，我们很难看到庄家在这个时候操盘。量价表现都不能提供庄家操盘的信号。但是一旦庄家开始拉升股价，价格表现会非常强劲。超跌状态下，庄家拉升股价涨停会吸引投资者追涨买入股票，使得股价很快进入强势运行阶段。这期间，我们将不得不关注价格上涨的交易机会。

## （一）操盘期间的涨停大阳线形态特征

涨停大阳线出现以后，我们看到股价回升速度很快。涨停大阳线改变了小 K 线的运行状态，促使散户投资者投入更多热情追涨买入股票。庄家能够拉升股价涨停，与投资者抄底获得短线收益的意图有关。散户投资者渴望一次很好的反弹出现，并且在反弹中获得短线收益。

形态特征如下：

（1）涨停阳线突破小 K 线：涨停阳线突破小 K 线以后，表明价格走势很强。大阳线包含在小 K 线的形态中，我们能够看到 K 线突破力度很大，庄家操盘起到决定性作用。

（2）价格达低位筹码峰上限：股价在低位运行的时候，底部筹码峰已经出现。价格能够以涨停阳线的形式回升到筹码峰上方，这是低位持股投资者快速盈利的信号。庄家的拉升效果非常有效，低位筹码被突破意味着筹码向上发散的趋势得以确认。

大恒科技日 K 线图如图 8-15 所示。

图 8-15　大恒科技日 K 线图

操作要领如下：

（1）从涨停阳线突破小 K 线来看：图中 Y 位置的涨停阳线出现，该阳线顺利突破了小阴线 K 线，提示我们价格强势上行。

（2）从价格达低位筹码峰上限来看：P 位置的筹码峰处于低位，涨停阳线达到筹码峰以上，说明低位持股投资者很快获得收益。接下来 P 位置筹码峰将为价格上涨提供支撑，成为推动股价回升的重要因素。

**总结：** 股价在弱势行情中涨停，庄家充当了拉升股价的主力。随着价格有效突破低位筹码峰，RSI 指标也在 R 位置达到 50 线以上，表明股价涨停突破非常有效，使得该股短线强势将能够延续下来。

## （二）大阳线内部的买点机会

涨停大阳线出现以后，我们能够预期到股价还会出现更大的涨幅。因为庄家在价格低位拉升股价具有很强的指示效果。庄家在低位筹码峰完成的时候加速拉升股价，是恰到好处的操盘策略。这个时候，价格突破的筹码规模较大，使得投资者追涨热情高涨。那么在接下来的交易日中，强大的追涨盘就能够推动价格继续回升。

形态特征如下：

（1）股价连续缩量涨停：当庄家拉升股价涨停以后，接下来的交易日中散户投资者追涨热情大涨，使得股价再次缩量涨停。缩量状态期间筹码锁定非常好，使得价格能够维持趋势格局。

（2）天量涨停提示换手增加：经过连续缩量上涨以后，量能放大至天量的涨停板出现，这个时候的筹码换手规模提升，价格接近波段行情顶部。

大恒科技日K线图如图8-16所示。

图 8-16　大恒科技日K线图

操作要领如下：

（1）从股价连续缩量涨停来看：Y位置股价首次涨停以后，接下来的第二个和第三个涨停板都在缩量，说明筹码锁定良好。最终，该股在这波行情中连续收获五个涨停板。

（2）从天量涨停提示换手增加来看：F 位置量能达到天量，对应的股价在 G 位置涨停。这期间，筹码换手数量很大，使得该股紧跟着在第二个放量的交易日见顶。

**总结：**庄家首次拉升股价涨停以后，筹码快速锁定。价格在缩量状态的情况下很快冲高，累计五个涨停板，涨幅超过 60%。可见，庄家的操盘效率很高，价格在局部行情中并且非常抢眼。